ARMAZÉM DE IMAGENS

ENSAIO SOBRE A PRODUÇÃO ARTÍSTICA DE PESSOAS COM DEFICIÊNCIA

LUCIA REILY

ARMAZÉM DE IMAGENS

ENSAIO SOBRE A
PRODUÇÃO ARTÍSTICA DE
PESSOAS COM DEFICIÊNCIA

PAPIRUS EDITORA

Capa: Fernando Cornacchia
Foto: Rennato Testa
Montagem realizada com desenhos
de Frederico fotografados por
Tunico Lemos Auad, seu irmão.
Copidesque: Mônica Saddy Martins
Revisão: Solange A. Mingorance

Dados Internacionais de Catalogação na Publicação (CIP)
(Câmara Brasileira do Livro, SP, Brasil)

Reily, Lucia
   Armazém de imagens : Ensaio sobre a produção artística
de pessoas com deficiência / Lucia Reily – Campinas, SP :
Papirus, 2001. – (Série Educação Especial)

Bibliografia.
ISBN 85-308-0627-1

1. Arte e deficientes I. Título. II. Série.

01-1196   CDD-704.08166

Índices para catálogo sistemático:

1. Deficientes : Produção artística : Artes 704.08166

DIREITOS RESERVADOS PARA A LÍNGUA PORTUGUESA:
© M.R. Cornacchia Livraria e Editora Ltda. – Papirus Editora
Telefones: (19) 3272-4500 e 3272-4534 – Fax: (19) 3272-7578
Caixa Postal 736 - CEP 13001-970 - Campinas - SP - Brasil.
E-mail: editora@papirus.com.br – www.papirus.com.br

Proibida a reprodução total ou parcial. Editora afiliada à ABDR.

Para as meninas, Laura, Emília e Alice.

CRÉDITOS

Alice (figura 4.1)
© Permissão para reprodução da imagem concedida pela família.
Alonzo Clemens (figuras 2.12, 2.13)
© Permissão para reprodução das fotografias concedida pela Pam Driscol Gallery.
Carlos e Susy (figura 4.4)
© Permissão para reprodução dos desenhos concedida pelas famílias.
Carolina Migoto da Silva (figura 4.10)
© Permissão para reprodução da imagem concedida pela artista (foto do catálogo do Sesc-Piracicaba).
Daniel (figuras 2.23, 2.24)
© Permissão para reprodução das imagens autorizada pelos pais.
Darcy F. da Cruz (figura 4.8)
© Permissão para reprodução da imagem concedida pelo pintor (foto do catálogo do Sesc-Piracicaba).
Frederico (figuras 5.1, 5.2, 5.3, 5.4, 5.5, 5.6, 6.1, 6.2, 6.3, 6.4, 6.5, 6.6, 6.7, 6.8, 6.9, 6.10, 6.11, 6.12, 6.13, 6.14, 6.15, 6.16, 6.17, 6.18, 6.19, 6.20, 6.21, 6.22, 6.23, 6.24, 6.26, 6.27, 6.28, 7.1)
© Permissão para reprodução da imagem autorizada pela família.
Gottfried Mind (figura 2.2)
© Imagem reproduzida com permissão da New York Public Library.
Isabela e Maia (figura 4.3)
© Permissão para reprodução das imagens concedida pelas famílias.
Iwao Nakajima (figura 4.9)
© Permissão para reprodução da imagem concedida pelo artista (foto do catálogo do Sesc-Piracicaba).
James Henry Pullen (figuras 2.3, 2.4, 2.5, 2.6)
© Museu Andrew Reed, Royal Earlswood Hospital (fotos de Beto de Souza).
José (figura 2.14)
© Permissão para reprodução da imagem concedida por Oliver Sacks.
Julie Bar (figura 4.2)
© Permissão para reprodução da imagem concedida por Collection de l'Art Brut, Lausanne.
Maluf (figura 4.5)
© Permissão para reprodução da imagem concedida pela família.
Maluf e Cássio (figura 6.25)
© Permissão para reprodução dos desenhos concedida pelas famílias.
Nadia (figuras 2.15, 2.16, 2.17, 2.18)
© Permissão para reprodução das imagens concedida pelo irmão.
Raphael e Carlos (figuras 4.6, 4.7)
© Permissão para reprodução das imagens concedida pelo Museu de Imagens do Inconsciente.
Richard Wawro (figuras 2.10, 2.11)
© Imagem e foto reproduzidas com permissão da família.
Stephen Wiltshire (figuras 2.19, 2.20, 2.21, 2.22)
© Permissão para reprodução das imagens concedida por John Johnson Ltd.
William Hogarth (figura 2.1)
© Imagem reproduzida com permissão do Princeton Museum of Art.
Yamamura (figura 2.9)
© Imagem reproduzida com permissão da American Association of Mental Retardation.
Yamashita e Yamamoto (figuras 2.7, 2.8)
© Imagens reproduzidas com permissão do Council for Exceptional Children.

As ilustrações não podem ser reproduzidas no todo ou em parte sem autorização por escrito dos detentores dos respectivos direitos autorais.

SUMÁRIO

AGRADECIMENTOS 9

INTRODUÇÃO 11

PARTE I
FUNDAMENTOS PARA SITUAR AS HABILIDADES SAVANTS

1. NOMENCLATURA: SÍNDROME SAVANT OU EXTRAORDINÁRIAS HABILIDADES NO DEFICIENTE? 21

2. ALGUNS CASOS DE ARTISTAS SAVANTS 35

3. EXPLICAÇÕES E DESCRIÇÕES PARA O FENÔMENO SAVANT NA LITERATURA: PANORAMA HISTÓRICO 99

4. REPRESENTAÇÃO ESPACIAL: PARÂMETROS NA PRODUÇÃO GRÁFICA DE OUTROS DESENHISTAS 129

PARTE II
O CASO DE FREDERICO

5. FREDERICO: INFORMAÇÕES GERAIS 157
6. DESVENDANDO A PRODUÇÃO ARTÍSTICA
   DE FREDERICO 175
7. EM BUSCA DE COESÃO 245
8. À GUISA DE CONCLUSÃO:
   UM ARMAZÉM DE IMAGENS 265

REFERÊNCIAS BIBLIOGRÁFICAS 271

ANEXO I - QUADRO FONÊMICO DE FREDERICO 285

ANEXO II - AMOSTRAS DE ESCRITA DE FREDERICO . . . 287

AGRADECIMENTOS

A elaboração deste livro foi possível graças à colaboração de várias pessoas e entidades que se dispuseram a contribuir, cada uma a sua maneira, para este projeto. Em primeiro lugar, agradeço ao Frederico, bem como a sua família, pela disponibilidade em participar e apoiar o trabalho.

Desde sua germinação até a conclusão, a doutora Eda Marconi Custódio, minha orientadora, acompanhou e supervisionou cada etapa com apoio incondicional. Outras pessoas também contribuíram: Ivone Rabello, com a revisão criteriosa do texto; doutor Jeová Nina Rocha, com a correção da terminologia médica; Beto de Souza, com a fotografia e a seleção de imagens; doutores Brian Stratford e John Thomas, com a supervisão do estudo durante a "bolsa-sanduíche". Também recebi importante apoio e sugestões de Mário Lúcio Uchoa Andrade, Helena Panhan, Soeni Sandreschi, Selma de Oliveira, Josecler Zita da

Silva, Bruno Carrieri, Kátia Caiado, Marcos Rizolli, Walkíria de Assis, Cecília de Góes, Regina Maluf e Nielsy Bergamasco.

Gostaria de destacar as instituições e universidades que contribuíram de forma marcante para a elaboração deste trabalho: a Associação para o Desenvolvimento, Educação e Recuperação do Excepcional (Adere), a Associação Educacional Quero-Quero de Reabilitação Motora e Educação Especial, o Instituto de Psicologia da Universidade de São Paulo, a Faculdade de Educação da Pontifícia Universidade Católica de Campinas e a Faculdade de Educação da Loughborough University of Technology, em Loughborough, Inglaterra.

Na Inglaterra, tive oportunidade de conhecer Richard Wawro, Stephen Wiltshire, Nadia e Daniel, que colaboraram comigo de forma memorável. Agradeço a eles, como também a suas famílias, por autorizarem os encontros e o uso de imagens neste livro, bem como aos profissionais e pesquisadores envolvidos com eles, que cederam materiais e discutiram seus projetos comigo. Gostaria de destacar os seguintes nomes: Lawrence Becker, Pam Driscol, Darold Treffert, Margaret Hewson, Alison Wooten, doutora Elizabeth Newson, Tim Webb, Dick Arnall, Maggie Hallett, Patricia Allderidge, doutora Lorna Selfe, doutora Linda Pring, doutora Beate Hermelin e doutor Neil O'Connor. Menciono, ainda, os nomes de algumas instituições que me receberam na etapa da investigação no Reino Unido: Whitegates Autistic Community, Royal Earlswood Asylum, Andrew Reed Museum, Surrey Records Office at Kingston-upon-Thames e Bethlem Royal Hospital, entre outras.

Finalmente, gostaria de agradecer aos integrantes de minha família – meus pais e irmãos, especialmente Célia e Suzel. Agradeço também a paciência de Beto de Souza e minhas filhas, que tiveram que me dividir com o doutorado e vivenciaram comigo a história de Frederico.

INTRODUÇÃO

O conhecido escritor italiano Leo Lionni conta uma história sobre uma família de ratinhos do campo que vivia num muro de pedras. Quando perceberam que o inverno se aproximava, todos trabalharam dia e noite, recolhendo grãos e palha para os dias de frio. Todos menos o Frederico. Ninguém entendia por que Frederico não ajudava, mas ele explicou que trabalhava, sim, colhendo raios de sol para os dias de frio.

Algum tempo depois, cobraram sua participação novamente e ele explicou que colhia as cores, porque no inverno ficava tudo cinzento.

Mais tarde, o censuraram mais uma vez por não fazer nada, mas ele avisou que estava colhendo palavras, porque nos dias longos do inverno eles ficariam sem ter o que dizer.

O inverno chegou e, enquanto havia comida e palha seca, a família vivia feliz. Mas a comida chegou ao fim, e fazia muito frio na toca entre as pedras. Os ratinhos então lembraram de

Frederico e perguntaram sobre suas provisões. Pedindo que fechassem os olhos, Frederico foi falando suavemente, trazendo-lhes à memória a sensação de calor do verão e as cores vivas da primavera.

Perguntaram sobre as palavras, e Frederico declamou:

Quem joga os flocos de neve como se fossem confete?
E mais tarde, a neve gelada, quem é que derrete?
Quem planta as flores e cobre de folhas a árvore nua?
Quem apaga a luz do dia e acende a luz da lua?

Quatro ratinhos, olá, olê,
quatro ratinhos como eu e você.

Um é a primavera, que espalha as flores.
Outro é o verão, que as enche de cores.
O outono é um ratinho meio amarelado
e o inverno é o último, sempre gelado.

Cada um faz uma coisa, cada estação tem sua hora.
Cada uma só chega quando a outra vai embora.[1]

Foi então que os ratinhos perceberam que Frederico era um poeta! E Frederico, corado e tímido, reconheceu: "Eu sei".

A história do ratinho Frederico representa muito mais do que uma versão invertida da fábula "A cigarra e a formiga" na versão original de La Fontaine. Aborda o papel social do artista e retrata a ambivalência das atitudes de nossa sociedade, que o vê ora como inútil, parasita social, ora como figura tocada pelo dom divino. Focaliza como principal personagem alguém que age de

---

1. Leo Lionni. *Frederico.* Trad. de Monica Stahel. São Paulo: Martins Fontes, 1998 (a editora autorizou a reprodução de sua tradução da obra).

forma diferente do padrão no seu contexto sociocultural. Por coincidência, o nome do personagem principal deste estudo também é Frederico, um artista portador de deficiência. No decorrer deste livro, veremos que, além do nome, Frederico, o ratinho, e Frederico, o artista, têm muitos elementos em comum.

Frederico já tinha fama de "artista" quando, aos nove anos, foi transferido para a Associação Educacional Quero-Quero.[2] Sua facilidade no desenho e principalmente seu fascínio pelos personagens do circo (sua temática predileta) intrigavam os diversos profissionais que tinham trabalhado com ele. Foi avaliado na Quero-Quero no final de 1981 e freqüentou a escola e a clínica desde o início de 1982 até o final de 1984. Como professora de artes plásticas, tive oportunidade de conhecer Frederico e trabalhar com ele, acompanhando semanalmente o desenvolvimento de suas aptidões artísticas.

Na Quero-Quero, Fred causava enorme interesse nos profissionais que trabalhavam com ele, tanto que muitos interrompiam as sessões de artes para ver sua última produção. De fato, a atuação de Frederico surpreendia também a mim. Em oito anos de trabalho com crianças portadoras de diversos tipos de deficiência, nunca havia conhecido caso tão marcante. Sua habilidade era ainda mais surpreendente quando confrontada com suas deficiências nas áreas visual, motora e de linguagem.

Comecei a procurar explicações para o fenômeno. Casualmente, tive acesso ao livro *Artful scribbles*, de Howard Gardner (1980), que citava o caso de Nadia, uma criança autista e deficiente mental com extraordinário dom para o desenho. No intuito de encontrar alguma explicação para o caso de Frederico, procurei também o livro *Nadia, a case of extraordinary drawing ability in an autistic child*, de Lorna Selfe (1977), a psicóloga que reali-

---

2. A Associação Educacional Quero-Quero de Reabilitação Motora e Educação Especial, em São Paulo, é uma entidade beneficente de atendimento pedagógico e clínico a pessoas com distúrbios neuromotores.

zara o criterioso estudo de caso com Nadia. No entanto, constatei que, apesar dos extensos dados levantados e descritos nesse livro, Selfe não havia arriscado uma explicação definitiva para o fenômeno. Apenas sugerira que as aptidões surpreendentes de Nadia pudessem estar associadas ao severo distúrbio de linguagem verbal, já que, quando adquiriu os fundamentos dessa linguagem, regrediu significativamente no desenho.

Naquela época, não obtive respostas satisfatórias e o enigma permaneceu latente por vários anos. Foi preciso um amadurecimento teórico, conseqüência do curso de pós-graduação na Universidade de São Paulo e, principalmente, das leituras de autores da abordagem sociointeracionista, para eu retomar o trabalho em busca de respostas para o fenômeno. Então, procurei e reencontrei Frederico, já adulto, freqüentando a Adere (Associação para o Desenvolvimento, Educação e Reabilitação de Excepcionais), uma oficina ocupacional para jovens e adultos portadores de deficiência mental em São Paulo.

Este é um estudo de caso que se debruça sobre a produção artística de um jovem com múltiplas deficiências, visando investigar os processos pelos quais Frederico estrutura imagens visuais sobre o papel. Com base em sua produção atual, mas considerando também sua produção infantil, busquei analisar a fonte de suas imagens visuais preferidas, a amplitude de seu léxico (gráfico-visual), a estabilidade de seus esquemas gráficos e suas soluções de problemas estéticos na produção de desenhos e pinturas.

Tradicionalmente, os estudos de caso têm dado preferência a uma abordagem psicológica ou psicanalítica. É comum encontrar estudos nos quais o sujeito é visto isolado de seu contexto social mais amplo. Isso é particularmente comum nos estudos sobre os *savants*,[3] nos quais a família às vezes é mencionada, mas raramente citam-se os pares, colegas de escola ou

---

3. O termo *idiot savant* tem origem no francês.

trabalho. Neste estudo, trabalhando com uma abordagem sociocultural, considero a produção artística de Frederico no contexto social no qual ocorreu, em grupo, em sessões semanais de atividade artística, numa oficina ocupacional para jovens e adultos com deficiência mental.

Assim, os dados não se limitam aos desenhos, colagens e pinturas que Frederico criou, incluem também o seu processo de produção artística, a interação social com os colegas, que admiravam seu trabalho, perguntavam sobre o significado de determinadas figuras, desenvolviam verbalmente temáticas baseadas em seus desenhos ou até procuravam copiar suas figuras.

A abordagem sociocultural parece ser particularmente relevante na área das artes, porque possibilita que se perceba a atuação de Frederico como atividade social e cultural. Apesar de severos distúrbios e da falta de um treinamento formal, Frederico apropriou-se de sistemas semióticos culturalmente significativos para nosso contexto social. Para ele, a arte é um veículo que permite a busca de sentido e a comunicação com o outro, ao mesmo tempo que lhe traz um papel social: ele é um artista.

Este trabalho propôs três frentes complementares de investigação. Uma foi o levantamento dos dados referentes à história de Frederico; outra envolveu uma situação de intervenção em sessões semanais, no decorrer de um ano, nas quais Frederico produzia desenhos, pinturas e colagens; a terceira foi o levantamento bibliográfico sobre a síndrome *savant* e o contato com outros artistas deficientes.

A literatura sobre o fenômeno ofereceu suporte para a discussão do caso de Frederico, sugerindo o encaminhamento da intervenção e apoiando a organização dos resultados. Ao mesmo tempo, o trabalho direto com Frederico, nas sessões semanais, apontou novos caminhos de investigação, que afetaram tanto o procedimento quanto a análise dos resultados. É por isso que este livro pode ser descrito como um encontro entre dois eixos básicos: a literatura (horizontal) e o estudo da produção plástica de Frederico (vertical). Isso numa abordagem interdisciplinar, já que tal estudo exige do pesquisador conhecimentos nas áreas de artes, psicologia e educação.

Dada a importância da literatura para este estudo, a primeira parte do livro discute aspectos teóricos fundamentais. No capítulo 1, aborda-se a nomenclatura utilizada pelos principais autores que estudaram o fenômeno ou discutiram casos semelhantes aos de Nadia e Frederico. O capítulo 2 apresenta os casos de habilidade artística extraordinária, principalmente aqueles aos quais os autores tiveram acesso no Ocidente. O capítulo 3 apresenta um panorama das explicações e descrições do fenômeno *savant* e discute as explicações sugeridas pelos autores. Em seguida, no capítulo 4, delimitam-se parâmetros de produção artística (representação espacial no grafismo infantil e características artísticas de artistas primitivos, psicóticos e deficientes mentais), tendo em vista a definição da produção plástica dos artistas *savants*.

Na segunda parte, encontra-se o estudo do caso propriamente dito. O capítulo 5 apresenta dados gerais sobre o sujeito deste estudo e o capítulo 6 aborda aspectos metodológicos e resultados da intervenção, que consistem de uma descrição do processo de produção artística de Frederico num contexto social. No capítulo 7, é realizada uma discussão dos resultados e da questão da profissionalização do artista deficiente, utilizando-se a literatura como pano de fundo para pontuar aspectos relevantes do encaminhamento profissional de Frederico. Em seguida, vem a conclusão.

Implicações deste estudo para a atuação com o deficiente

"Qual é o propósito ou o valor dessa habilidade? Isso faz algum bem ao indivíduo ou à sociedade?" Goldsmith e Feldman (1988, p. 15) afirmam que questões como essas são apresentadas pelas pessoas que se deparam com as habilidades inexplicáveis do *savant*. As atitudes dos profissionais diante dessas aptidões certamente determinarão os encaminhamentos pedagógicos a serem proporcionados aos *savants*, que, ainda hoje, quase sempre são atendidos em algum tipo de contexto institucional. Isso porque, se a habilidade extraordinária for entendida como valiosa ou útil, será incentivada e possivelmente desenvolvida por meio de programas elaborados com esse intuito. Se for vista como algo que interfere no comportamento social sadio e adequado do deficiente, poderá ser ignorada ou desencorajada. A literatura está repleta de exemplos que demonstram de que maneira as atitudes de educadores e familiares diante do fenômeno influenciaram o tipo de atendimento proposto para cada caso. Dois exemplos contrastantes (ver capítulo 3) ilustram essa questão: um é o de Alonzo Clemens, que, proibido de modelar com argila, passou a criar figuras de animais às escondidas, arrancando piche da rua com as unhas; outro é o de Richard Wawro, cuja produção artística é festejada alegremente pelo pai, ao término de cada obra.

Considero que o registro do caso de Frederico e a análise bibliográfica que permite situá-lo histórica e psicologicamente já representam, de alguma forma, uma contribuição para o conhecimento da produção artística da pessoa com deficiência. Entretanto, este estudo se mostraria vazio se não indicasse alguns princípios de atuação para aqueles que trabalham diretamente com pessoas com deficiência, em contextos de clínica, escola ou oficina profissionalizante. Meu interesse pessoal em compreender o fenômeno dos *savants* nasceu da necessidade de aprimorar o trabalho com meu aluno Frederico em sala de aula. Essa criança representou um desafio para mim, motivando meus estudos na área durante anos seguidos. Outros profissionais também se deparam com crianças "especiais" entre os "especiais", e sentem-se perdidos na definição de prioridades programáticas. As histórias de outros casos, como também a de Frederico, explicitam alguns princípios de atuação pedagógica relevantes para muitos alunos com necessidades especiais, não somente para aqueles que apresentam um talento extraordinário.

PARTE I
FUNDAMENTOS PARA SITUAR AS HABILIDADES *SAVANTS*

1
NOMENCLATURA: SÍNDROME *SAVANT* OU EXTRAORDINÁRIAS HABILIDADES NO DEFICIENTE?

Todo professor de artes, em algum momento de sua prática profissional, tem oportunidade de encontrar e trabalhar com crianças especialmente talentosas. Mesmo que não defina formalmente o que é *talento* em artes, sabe reconhecer a criança dotada, segundo alguns critérios pessoais. Rosenblatt e Winner (1988) discutem essa questão e afirmam que os critérios variam de um profissional para outro, mas entre eles estão: habilidade técnica, originalidade, imaginação, criatividade, expressividade. Como tantos outros profissionais, também trabalhei com crianças especialmente habilidosas no desenho, mas, no meu caso, os talentos marcantes se encontraram entre deficientes. Em minha experiência de muitos anos com escola especial, conheci diversas crianças que chamaram a atenção devido a suas soluções gráficas incomuns e elaboradas. O caso de Frederico, porém, foi o mais marcante de todos.

Casos como o dele são bastante raros e a literatura especializada os trata como parte de um capítulo específico da deficiência mental – os *idiots savants*. Uma revisão bibliográfica demonstra, porém, que estudos sobre casos de habilidade extraordinária no deficiente se encontram também em textos de outras áreas. Os textos nos quais se apóia este livro vieram de cinco áreas básicas de estudo: talento, habilidades extraordinárias e estudos de crianças-prodígio e superdotadas; deficiência mental e autismo; desenho (representação e desenvolvimento gráfico); área específica de *idiots savants*; neuropsicologia, memória, função cerebral.

A inserção do tema "deficiência associada à habilidade extraordinária" ou o estudo do *idiot savant* cumpre um papel distinto, conforme a área de estudos e os objetivos do autor. Acredito que analisar como o tema do *savant* tem servido para que os diversos autores questionem argumentos sobre a teoria da inteligência ofereceria um rico campo de pesquisa. Todavia, não é esse o propósito aqui. Não posso deixar de apontar, ao menos, que observei na literatura o *savant* sendo mostrado como: exceção; desafio às teorias atuais de inteligência; forma de compreender as funções mentais normais; ou enigma ainda sem solução. Muitos autores justificam o estudo de um fenômeno tão raro quanto a habilidade extraordinária do deficiente dizendo que a pesquisa do patológico contribui para o conhecimento cada vez maior da função cognitiva da pessoa considerada normal (Treffert 1990; Rimland e Hill 1983, entre outros). Entretanto, do ponto de vista dos profissionais que trabalham diretamente com portadores de deficiência na direção da chamada *pesquisa terapêutica* (conforme Phillips e Dawson 1985), a melhor razão para ampliar os conhecimentos sobre o fenômeno é a esperança de que a produção epistemológica sobre o assunto possa contribuir para melhorar o trabalho com o portador de deficiência. Nesse sentido, a pesquisa terapêutica com *savants* que se emprestam à atividade, participam de testes e se deixam observar deve reverter em algum tipo de benefício real para essa população. Foram poucos os textos encontrados que refletiam esse objetivo de compreender melhor o fenômeno para melhorar o atendimento oferecido ao *savant*; e inexistentes os estudos que procuraram analisar a questão de uma abordagem sócio-histórico-cultural.

A continuidade desta discussão exige a definição da terminologia utilizada, com base na literatura pertinente. Tanto nos textos que abordam a habilidade extraordinária no deficiente quanto naqueles que tratam do alto desempenho na população "normal", ou não-deficiente, encontramos duas abordagens relativas à nomenclatura. Por um lado, certos autores utilizam termos descritivos de *comportamento, atuação, produção* ou *habilidade*; por outro, verificamos autores focalizando (ou rotulando) o *indivíduo* (como gênio, prodígio, *idiot savant, mono-savant* etc.). Talvez não seja possível separar o que o indivíduo *é* do que ele *faz*, mas, numa leitura ainda superficial, pode-se dizer que rotular o indivíduo reflete principalmente uma formação médica, ao passo que enfatizar o seu comportamento sugere uma formação mais educacional. No caso do fenômeno em questão, os primeiros registros foram realizados por médicos, entre eles Platter (James 1991); Seguin (1866) e Down (1887). As primeiras tentativas de reabilitação do deficiente foram empreendimentos médicos[1] (Pessotti 1984). Assim, não é de se estranhar que muito da literatura sobre o *savant* seja permeada de uma linguagem médica, evidente no vocabulário utilizado, o que já revela a forma de enfocar o assunto.

A principal dificuldade na definição da terminologia encontra-se na natureza *relativa* dos termos e na impossibilidade de definir linhas de corte para delimitar aquilo que é excepcional ou

---

1. Lembrem-se dos avanços pioneiros obtidos por Itard, com "o menino selvagem de Aveyron", além de Seguin e Montessori, entre tantos outros.

extraordinário. Assim, a definição do quadro torna-se principalmente descritiva e comparativa com um grupo não especificado. Talvez por causa disso, os estudos nessa área tenham se caracterizado, principalmente, como estudos de caso. As raras pesquisas quantitativas se apóiam na *opinião* de juízes ou professores "especialistas na área" para identificar os "portadores de dons, talentos ou habilidades excepcionais", como vemos em Hermelin e O'Connor (1990a) e Rosenblatt e Winner (1988).

Antes de definir os termos referentes à área de deficiência, trataremos das definições e dos princípios apontados por alguns autores preocupados com habilidades extraordinárias, dons e talentos, prodígios e gênios na população em geral (não deficiente).

Vários autores optaram por utilizar uma terminologia de sentido abrangente. Radford (1990) e Howe (1990), entre outros, reconhecem que o termo "excepcional" implica, necessariamente, comparação com determinado grupo social – no caso, o grupo ao qual a criança pertence. Radford não considera conveniente restringir a definição, já que os critérios padronizados se modificam no decorrer do tempo. Ele cita como exemplo a mudança nos recordes em competições esportivas. Lembra, além disso, que avaliar o desempenho não significa avaliar um potencial futuro, mas estudar a atuação de fato. Aspectos de natureza física (como altura destoante do padrão normal, por exemplo) não são pertinentes.

Clark e Zimmerman (1984) apoiaram-se na definição de dotados e talentosos que consta do "Gifted and Talented Children's Education Act", de 1978, que estabelece, textualmente:

> Para os objetivos desta legislação, a expressão "superdotado e talentoso" significa crianças, e, quando for o caso, jovens, identificados no nível pré-escolar, de primeiro e segundo grau, que possuem habilidades demonstradas ou potenciais que evidenciem alta responsabilidade de desempenho em áreas acadêmicas intelectuais, criativas ou específicas, ou habilidades de liderança ou nas

artes visuais ou de espetáculo (*performance*) e que, por essa razão, necessitem de serviços ou atividades não promovidas normalmente pela escola. (Tradução minha)

Na área específica das artes, os critérios estabelecidos explicitam: "artes visuais ou espetáculos (artes performáticas) – habilidade superior demonstrada em dança, teatro, redação criativa, as artes etc." (Clark e Zimmerman 1984, p. 39). Esses autores estavam preocupados com a identificação de talento, com o objetivo de oferecer programas de artes apropriados para o seu desenvolvimento.

Já Howe (1990) questiona a própria existência do talento ou dom inato. Depois de explicar que é muito comum as pessoas pensarem que "habilidades extraordinárias são causadas por dons inatos", ele aponta três falhas lógicas desse raciocínio:

1. Essa afirmação indica um pensamento circular. Se dons inatos causam as realizações especiais, como pode então a existência dessas realizações especiais ser a própria justificativa para reafirmar a existência dos dons inatos? Ou seja, o dom é a causa de algo que, por sua vez, é a única evidência para a existência do dom.
2. O fato de existir um termo para algo não é garantia da existência de uma entidade concreta correspondente. Embora o termo "talentoso" supra uma necessidade descritiva na nossa linguagem, sendo mais apropriado do que outros termos como "hábil, competente, capaz, esperto" (p. 4), por exemplo, isso em si não significa que o substantivo "talento" exista como entidade concreta.
3. Os termos "talento" e "dom inato" são utilizados ao mesmo tempo com sentido descritivo e explicativo do mesmo fenômeno.

Howe oferece esse alerta, afirmando, em seguida, que também não é possível, com base nos conhecimentos adquiridos até então, negar a existência dos dons e talentos. Todavia, os dados de pesquisas "demonstram que a maioria das crianças nasce capaz de alcançar níveis impressionantes de desempenho na maioria das esferas de competência, desde que as circunstâncias de suas vidas o permitam" (p. 4).

Van Sommers (1984) também aponta a circularidade do raciocínio leigo, afunilando a discussão para a área da habilidade gráfica. Cita a seguinte tautologia: "definimos os 'bons desenhistas' como aqueles que são bem-sucedidos e 'boas estratégias' como aquelas características dos bons desenhistas" (p. 173). Esse autor procura uma saída desse pensamento circular, tentando desvendar as estratégias utilizadas por "bons" e "maus" desenhistas.

Definições, etiologia e incidência da síndrome savant

Nas referências médicas, *idiot savant* é o nome dado ao quadro apresentado por pessoas com habilidade extraordinária em uma área específica, apesar de desempenho geral bastante limitado. Segundo Treffert (1990), esse termo tem incomodado os autores desde a primeira vez em que foi utilizado por Seguin, em 1866.

Lorna Selfe (1977, 1983, 1985), que realizou o estudo mais completo na área de desenho, parece evitar o termo *idiot savant* a todo custo. No livro *Nadia, a case of extraordinary drawing ability in an autistic child*, escrito em 1977, e que se tornou um clássico na área, ela reconhece que o caso de Nadia se enquadra na síndrome dos *idiots savants* e realiza, inclusive, uma revisão bibliográfica à procura de outros casos. Mesmo assim, opta por não utilizar o termo em seu estudo. Fala da "síndrome de competência excepcional no desenho, associada ao retardo intelectual de natureza geral ou específica, particularmente na área de linguagem" (p. 7). Em seu segundo grande estudo, Selfe (1983) utiliza uma nova terminologia – desenvolvimento anômalo do desenho – com o objetivo de diferenciar a evolução mais acelerada do que o esperado de um desempenho gráfico marcadamente distinto da norma quanto à representação gráfica.

Por outro lado, alguns estudiosos não parecem se perturbar com o termo, que ganhou significado na tradição bibliográfica. Esse parece ser o caso de Lindsley (1965), Spitz e La Fontaine (1973), Hermelin e O'Connor (1986a, 1990a), entre outros. Mas alguns autores utilizam apenas *savant*, mono-*savant*, *savants* autistas, eliminando o termo *idiot*, por duas razões, segundo Rimland e Fein (1988), Treffert (1990) e Sloboda (1990): a) imprecisão científica, já que a grande maioria dos casos apresenta um nível de Q.I. acima de 40, ao passo que o limite para "idiota", na classificação arcaica, era de 25 ou menos; e b) em virtude de suas conotações muito pejorativas.[2]

Alguns autores pesquisaram os *savants* entre os autistas, e chamam o quadro de "*savant* autista" (Rimland e Fein 1988), dando ênfase ao autismo com habilidades especiais. Outros estudaram o *savant* no contexto da deficiência mental. Para Hill (1978), o *savant* é "uma pessoa mentalmente retardada que demonstra uma ou mais habilidades acima do nível esperado de indivíduos não retardados" (p. 281).

Com exceção das distinções entre *savants* autistas e *savants* deficientes mentais, e da ênfase sobre o comportamento ou sobre o indivíduo, as descrições do quadro assemelham-se bastante de um autor para o outro. O que varia muito são as explicações para o fenômeno (ver capítulo 3 deste livro).

---

2. Pintner (1924) inclui na classificação arcaica três categorias: idiotas (com idade mental de até 2 anos); imbecis (com idade mental entre 3 e 7 anos); e débeis mentais (com idade mental entre 8 e 12 anos).

Ao comparar as várias definições, percebe-se que são compatíveis com as primeiras descrições de Down.[3] Assim, Horwitz, Kestenbaum, Person e Jarvik (1965) descrevem o quadro da seguinte forma: "indivíduos com inteligência subnormal, freqüentemente no nível imbecil, que possuem uma habilidade intelectual especial, altamente desenvolvida, incongruente com outras áreas de funcionamento mental" (p. 1.075).

Duckett (1977), segundo informação coletada em Grossman,[4] apóia-se na definição estipulada pela American Association on Mental Deficiency (atualmente designada de American Association on Mental Retardation):

> pessoas que são mentalmente retardadas [e que] devem possuir uma ou mais habilidades especiais em áreas de discriminação sensorial muito precisa; talento artístico ou musical; habilidade mecânica, matemática ou habilidades de leitura ou soletração; memorização de fatos obscuros; ou cálculo de calendário. (p. 309)

Segundo White (1988), os *savants* são "indivíduos com habilidades especiais desenvolvidas a tal nível que parecem situar-se fora do *continuum* usual das realizações humanas", tratando-se de "pessoas que parecem ser marcadamente subnormais" (p. 3).

Para Sloboda (1990), "o mono-*savant* é uma pessoa de realizações rebaixadas no geral (usualmente tendo índice de Q.I. na faixa de 40 a 80), que possui uma pequena área de realização em que se sobressai" (p. 171).

---

3. A definição de Down (1887) é: "crianças que, embora débeis mentais, exibem faculdades especiais que podem ser cultivadas até uma grande extensão" (p. 99).
4. H.J. Grossman (org.). *Manual on terminology and classification in mental retardation*. Washington, DC: American Association on Mental Deficiency, 1973.

Treffert (1990), autor do livro *Extraordinary people*, contribui com uma definição do quadro que parece ser uma síntese do que há de mais pertinente na literatura sobre o assunto:

> A síndrome *savant* é um quadro bastante raro, no qual pessoas com significativo comprometimento mental, em virtude de distúrbios de desenvolvimento (retardamento mental) ou doença mental acentuada (autismo infantil precoce ou esquizofrenia), possuem ilhas espetaculares de competência ou brilho que contrastam de forma marcante e incongruente com a deficiência (*savants* talentosos ou *savants* I). Em outros, com um quadro ainda mais raro, a habilidade ou brilho é espetacular não somente em contraste com a deficiência, mas seria espetacular até mesmo se encontrada numa pessoa normal (*savants* prodigiosos ou *savant* II). (p. xxv)

Treffert aponta Tredgold (1914) como o autor pioneiro que contribuiu com uma descrição clássica do quadro, que permeia a literatura até o presente. Tredgold assinalou que os *idiots savants* não são de fato idiotas (com Q.I. abaixo de 25); notou que são raros os casos da síndrome entre pessoas do sexo feminino; indicou que os talentos são de ordem imitativa, com pouca capacidade criativa ou originalidade; observou que, às vezes, os talentos desaparecem na vida adulta.

Quanto à etiologia, Treffert (1990) aponta que a síndrome *savant* pode ser congênita, presente no nascimento, ou adquirida. Pode manifestar-se após uma lesão ou doença do sistema nervoso central. Não é, necessariamente, permanente, podendo desaparecer por completo numa outra etapa. De acordo com O'Connor e Hermelin (1988), os talentos manifestam-se entre as idades de 5 e 8 anos, espontaneamente, na ausência de treinamento e sem influência genética evidente.

Quanto à incidência, a síndrome é mais freqüente no sexo masculino do que no feminino, numa proporção de 6:1, segundo

Treffert (1988), ou de 3,25:1, segundo Rimland (1978). Os autores concordam que o quadro é extremamente raro, mas há alguma variação quanto às estatísticas apresentadas. Treffert encontrou, na população institucionalizada em razão de distúrbios de desenvolvimento, uma proporção de um *savant* para 2 mil pacientes. Todavia, nos casos de autismo infantil, a proporção de *savants* é muito maior: 9,8% dos casos manifestam a síndrome, segundo Treffert e Rimland, já citados. O'Connor e Hermelin (1988) e Hill (1978), porém, apontam uma estatística mais modesta: 6% dos portadores de autismo apresentam a síndrome. Mas Treffert lembra que o próprio autismo é extremamente raro, com uma incidência de sete em 100 mil crianças (Treffert 1970). Rimland apresenta uma estatística divergente dessa: cinco casos para 10 mil nascidos vivos. Complementa com outro dado: um caso de autismo para cada 2 mil casos de deficiência mental.

Aspectos históricos da descrição do quadro

É muito provável que Platter tenha sido o primeiro autor a se referir a habilidades especiais em pessoas portadoras de deficiência (James 1991). Seu livro *Praxeos Medicae* foi escrito em latim por volta de 1603, quando o autor estava com 70 anos de idade (ver texto desse autor no capítulo 3 deste livro). Posteriormente, em 1787, aparece na literatura alemã o registro de um provável *savant* da área de cálculo matemático (Foerstl 1989).

Estudos pioneiros sobre pessoas que apresentavam rebaixamento mental associado a algum tipo de marcante habilidade especial foram desenvolvidos em 1825 por Franz Josef Gall, segundo O'Connor e Hermelin (1988).[5] Do ponto de vista desse cientista, as faculdades mentais se desenvolviam ou regrediam de acordo com o crescimento relativo dos órgãos de apoio. Assim,

---

5. F.G. Gall. *Sur les fonctions du cerveau.* Paris: J.B. Ballière Libraire, 1825.

ocorreria uma maturação irregular e dissociada, conforme adversidades, traumas ou benefícios vivenciados, o que explicaria o desempenho discrepante apresentado pelos *savants*.[6]

Apesar do pioneirismo de Gall, sua referência não oferece a clareza e o detalhe das observações de Down, realizadas em 1887. O cargo de superintendente do Royal Earlswood Asylum, em Redhill, ao sul de Londres, proporcionou-lhe riquíssimo campo de estudos. Esse foi o primeiro cargo do jovem médico, que lá trabalhou durante dez anos. Suas observações cuidadosas foram apresentadas à Sociedade Médica de Londres nos importantes encontros médicos das Lettsonian Lectures, em 1887. Segundo Treffert (1990), é interessante perceber que vários aspectos do quadro apontados por Down foram confirmados por estudos posteriores e continuam válidos hoje. Podemos citar os seguintes: só encontrou casos do sexo masculino; não encontrou habilidades similares em familiares; os casos apresentavam memória fenomenal para horário ou fatos triviais, cálculo matemático, memória musical ou habilidade mecânica.

Outros autores pioneiros, que se destacaram nos primeiros estudos sobre os *idiots savants*, foram o doutor William Ireland (1898), um neurologista escocês, o doutor A. Witzmann (1909), de Viena, além dos doutores Alfred Tredgold (1914), já citado, e F. Sano (1918), que realizou uma detalhada autópsia do cérebro do artista James Henry Pullen, do Asilo de Earlswood (ver capítulo 2 deste livro).

Classificação dos quadros de savants

Alguns autores têm classificado os *savants* segundo o tipo de deficiência que apresentam, diferenciando *savants* autistas de

---

6. Gall pode ser lembrado por sua contribuição à ciência denominada frenologia – uma tentativa de mapear as funções humanas no cérebro (Critchley 1979).

savants deficientes mentais, como já apontamos. Outros diferenciam uns e outros segundo o grau de aprimoramento de suas habilidades. É o caso de Treffert (1990), quando sugere que a classificação dos *savants* deve distinguir entre os *savants* talentosos e os *savants* prodigiosos.

Outra forma de classificar os *savants* é segundo as habilidades que demonstram. Hill (1974), por exemplo, aponta as seguintes categorias de habilidades: discriminação sensorial precisa, talento artístico (plástico), habilidade mecânica, talento musical, cálculo matemático, capacidade extraordinária de memória. Critchley (1979) propõe as seguintes classes: habilidade técnica superior (incluindo no mesmo bloco mecânica, música e artes), exaltação da memória, cálculo matemático, cálculo do calendário. Já Treffert assinala as seguintes categorias de habilidades, lembrando que representam áreas muito restritas entre as habilidades humanas: cálculo de calendário, cálculo relâmpago, música (geralmente piano), artes plásticas (desenho, pintura e escultura), habilidade mecânica, memória fenomenal e, muito raramente, discriminação sensorial (tátil ou olfativa) e percepção extra-sensorial. De acordo com seus estudos, a área das artes plásticas é pouco representada entre os *savants* (ver capítulo 2 deste livro).

Cabe assinalar que McMullen (1991) questiona a inclusão de percepção extra-sensorial entre as categorias de habilidades, afirmando que tal categoria não foi testada em bases científicas, surgiu na literatura, nos relatos anedóticos de pais que responderam ao questionário de Rimland. Não houve nenhum *follow-up* desses relatos, e, a partir dessa publicação, a categoria vem sendo incluída no rol de habilidades dos *savants* sem questionamento crítico.

Também cabe acrescentar uma categoria pouco citada, mas que parece relevante, diante da literatura crescente a respeito. Trata-se das habilidades lingüísticas extraordinárias. Essa categoria geralmente se refere à hiperlexia (habilidades extraordinárias para *leitura*), mas pode incluir também uso de vocabulário sofisticado na linguagem oral, como se observa no caso de Laura, estudada por Yamada (1990). Embora Phillips (1930) e Scheerer, Rothmann e Goldstein (1945) já tivessem registrado casos com habilidades marcantes na área de leitura, segundo Aram e Healy (1988), em sua ampla revisão da literatura, o termo hiperlexia foi empregado pela primeira vez por Silberberg e Silberberg (1967; 1968) para denominar a habilidade de reconhecer palavras escritas num nível muito mais alto (considerava-se a medida de cerca de dois anos de defasagem) do que a possibilidade de compreensão e capacidade para integrá-las. Essa categoria é particularmente relevante para a discussão de pensamento e linguagem; provavelmente por isso, percebe-se, em anos recentes, um incremento no número de estudos sobre o fenômeno.

Ao concluir este capítulo, assinale-se que, daqui para a frente, adotaremos o termo *savant*, como sugere Treffert, porque essa palavra é mais econômica do que descrever o quadro por extenso ("pessoas que têm apresentado habilidades extraordinárias em áreas específicas do desempenho humano"). O termo *idiot savant*, que ganhou significado na tradição literária, ainda é utilizado por renomados autores; no entanto, optamos por eliminar o primeiro segmento, *idiot*, que, além de impreciso, tem um sentido altamente pejorativo.

2
ALGUNS CASOS DE ARTISTAS *SAVANTS*

Dentre os casos de *savants* registrados na literatura nos últimos 150 anos, os artistas plásticos são o grupo de menor incidência. Todos os relatos seguiram uma abordagem de estudo de caso ou documentário, a não ser as pesquisas comparativas de Rothstein (1942), Duckett (1976), La Fontaine (1974), Hill (1978), o segundo grande estudo de Lorna Selfe (1983) sobre o desenho anômalo e a série recente de projetos de pesquisa realizados pela equipe da Universidade de Londres, integrada pelos doutores Neil O'Connor, Beate Hermelin e Linda Pring.

Cabe observar também que, com exceção de Nadia, José e alguns dos sujeitos incluídos nos estudos comparativos citados acima, os casos registrados referem-se a pessoas portadoras de deficiência que se qualificaram como artistas profissionais de fato, ganhando fama nacional e, às vezes, até reconhecimento internacional. Assim sendo, esses *savants* são citados pelo nome verdadeiro, contrastando com o procedimento usual, no qual, por razões éticas, o sujeito não é identificado.

Não se pode esquecer, porém, que esses indivíduos estiveram inseridos e, em alguns casos ainda atuam, em contextos sócio-históricos específicos. Ao pinçar cada caso e descrevê-lo, a importância do contexto parece enfraquecer-se e tem-se a impressão de que esses artistas teriam se desenvolvido em quaisquer circunstâncias. Vários autores (Sternberg 1991; Sternberg e Davidson 1990; Radford 1990; Clark e Zimmerman 1984; Howe 1990; e Obler e Fein 1988, entre outros) argumentam que essa idéia é falsa, já que, segundo afirmam, a produção criativa nasce por uma conjunção de fatores favoráveis, nos âmbitos familiar, social, histórico e pessoal. Assinalam que uma série de fatores interagem em conjunto para possibilitar o desabrochar de um talento especial, como: aspectos pessoais referentes à personalidade e à dinâmica pessoal do indivíduo relacionada à sua área de interesse; aspectos culturais e sócio-históricos, relativos à função daquele talento naquela época; e certos substratos neurobiológicos ou aspectos inatos relacionados com a facilidade de domínio de uma área de conhecimento ou desempenho.

Csikszentmihalyi e Robinson (1990) concluem, após 20 anos de pesquisas realizadas com artistas maduros e outros indivíduos criativos, que o talento (*giftedness*) não é algo que se possui ou não (como um atributo físico). Pelo contrário, consideram que:

1. O talento não pode ser avaliado, a não ser contra o pano de fundo de expectativas culturais bem especificadas. Assim, não pode ser um traço pessoal ou atributo, e sim um relacionamento entre oportunidades de ação culturalmente definidas, além de capacidades e habilidades pessoais para a ação.
2. O talento não pode ser um traço estável, porque a capacidade para a ação do indivíduo muda no decorrer

do ciclo de vida e as exigências culturais para o desempenho mudam tanto durante o ciclo de vida como no decorrer do tempo em cada campo de desempenho. (p. 264)

Não temos por que considerar que, no caso dos artistas *savants*, o modelo teórico devesse ser outro. Coincidências de fatores socioculturais e neuropsicológicos podem levar quaisquer pessoas (portadoras ou não de deficiência) a se destacar em alguma área de desempenho humano. Assim, antes de apresentar os raros casos de artistas *savants* descritos na literatura, é preciso lembrar alguns fatos sobre o tratamento dispensado ao doente mental ou deficiente mental em momentos críticos da história.

No livro *The discovery of the art of the insane*, MacGregor (1989) investigou o contexto histórico no qual nasceu a produção artística do doente mental, mostrando como o contato da população com essa produção foi diretamente influenciado pelas transformações dos conceitos humanos sobre a doença mental. Segundo o autor, as manifestações plásticas dessa população não acontecem num vácuo, e sim em determinados contexto e momento históricos. Sua produção pode ser identificada ou ignorada, valorizada ou desprezada, conforme as concepções correntes sobre o que é arte e o que é loucura. A trajetória do reconhecimento do valor da obra artística do doente mental, que o autor denomina de um caminho de "descoberta", é bastante longa e, para ele, tal descoberta foi motivada pelo encontro entre "a força e beleza das imagens em si, cuja natureza profundamente estranha, bem como sua integridade, possuem presença pictórica suficiente para exigir a atenção; e a existência de uma profunda necessidade humana por imagens desse tipo" (p. 309).

MacGregor contextualiza não somente a época em que o doente viveu, mas as condições em que trabalhou: "Muitas das características dos desenhos ou das esculturas dos doentes mentais podem ser explicadas se relacionadas às difíceis condições nas quais foram produzidos" (p. 46). O autor cita documentos mostrando que, em algumas instituições da Europa do século XVIII, os loucos eram acorrentados com vários quilos de ferro, o que limitava violentamente os movimentos de braços, quadris e pernas; assim, para alcançar todas as partes da folha ao pintar, era preciso virar o suporte em posições não usuais.[1] Além disso, o autor ressalta que o acesso a materiais artísticos estava diretamente vinculado às concepções vigentes sobre a loucura e a função da arte no tratamento da doença.

Embora o trabalho de MacGregor não tenha como objetivo focalizar especificamente a produção artística do deficiente mental, é importante assinalar que, mesmo não sendo nosso objetivo aqui, tal estudo mereceria maior desenvolvimento. Nesse sentido, a pesquisa de MacGregor muito nos auxilia, pois lembra que as histórias do tratamento do deficiente mental e do doente mental seguem um caminho paralelo, mesmo porque o diagnóstico diferencial mais preciso só começou a ser realizado muito tarde. Assim, não se pode esquecer a dimensão histórica. Quando MacGregor afirma que "todas as discussões dos desenhos dos doentes mentais no século XIX limitam-se ao trabalho dos pacientes claramente psicóticos [sic], incluindo nessa classificação os desenhos de pessoas que sofriam de doenças cerebrais orgânicas, principalmente a sífilis cerebral (*paralysie générale*), epilepsia e *retardo mental*" (p. 108, grifo da autora), oferece-nos pistas sobre a realidade da época e sua relação com o atendimento aos deficientes em geral.

Assim como em MacGregor, nosso recorte se inicia a partir da institucionalização dos deficientes, ou seja, o período posterior à Idade Média. Nessa época, nas sociedades ocidentais, tanto os deficientes mentais quanto os doentes mentais começaram a ser

---

1. Tivemos oportunidade de ver esses instrumentos utilizados para o controle dos internos expostos no Museu do Royal Bethlem Hospital, perto de Londres.

retirados do convívio da sociedade, simplesmente para serem alimentados e abrigados das intempéries da natureza. Os asilos e hospícios utilizados para a segregação já existiam, pois, na Idade Média, quando numerosos hospitais e leprosários tinham sido construídos para isolar os cristãos enfermos que haviam se contaminado em grandes epidemias na época das Cruzadas, o termo *hospício*, que anteriormente servira para denominar o abrigo ou hotel onde eram socorridos os cristãos contaminados, passou a ser associado à idéia de asilo para loucos. Muito cômoda, a solução de segregar permitia que a família e o poder público delegassem a outros os cuidados diários com esses "inúteis". Apesar disso, porém, tal tratamento representava uma evolução se comparado ao absolutismo teocrático do período anterior, que levara muitos deficientes à fogueira ou às galés. Não se pode esquecer, além disso, que toda sorte de figura incômoda se encontrava internada nesses grandes hospitais, como afirma Pessotti (1984): "prostitutas, idiotas, loucos, 'libertinos', delinqüentes, mutilados e 'possessos'" (p. 24). MacGregor também assinala que deficientes mentais eram internados junto com os doentes mentais e chega a discutir uma gravura de Hogarth que representa o interior de um asilo de loucos, incluindo um "mostruário" das patologias mentais conhecidas da época: melancolia religiosa e amorosa, megalomania, senilidade e debilidade mental.

O germe da idéia de que um trabalho educacional deveria e poderia ser realizado com o deficiente mental já se formulava com John Locke no final do século XVII, mas essa idéia se concretiza apenas no início do século XIX, por meio do trabalho de Itard com o menino selvagem de Aveyron (Lane 1976). Mas mesmo as evidências do sucesso de médicos-educadores como Itard, Peréire, Seguin, Pestalozzi, Froebel e outros, naquele século, não alteraram o enfoque institucional e organicista, já que a educação do deficiente continuava ocorrendo num contexto hospitalar. Uma importante mudança é iniciada com a difusão, já no início do século XX, do trabalho de Maria Montessori, também médica, que desenvolveu uma metodologia pedagógica para o atendimento escolar da deficiência mental.

Assim, resumindo em poucas palavras uma história conquistada ao longo de vários séculos, progrediu-se:

1. de um atendimento que apenas fornecia cuidados físicos básicos em contextos institucionais (médicos) isolados, ao mesmo tempo que retirava o sujeito do convívio social,
2. para uma tentativa de providenciar algum treinamento e educação para os deficientes nos próprios contextos hospitalares (no século XIX), visando à oferta de programas educacionais em escolas (e não mais em hospitais) àquelas crianças que não progrediam no ritmo esperado no sistema regular de ensino (já no século XX),
3. para a tentativa de integrar incluir crianças com "necessidades especiais" no sistema regular de ensino.

Em razão desse quadro sumário, evidencia-se que os *savants* artistas deveriam ser discutidos à luz do contexto histórico do atendimento ao deficiente mental, conforme a época em que cada um viveu. No entanto, não se verifica isso na literatura: todos os registros de casos, com maior ou menor aprofundamento, pouca atenção dão até mesmo ao contexto institucional ou educacional de onde o sujeito foi observado.

Existe parca informação sobre a vida e a escolaridade dos primeiros registros de artistas *savants* (e isso também é verdadeiro para vários casos do nosso século, quando os relatos são pouco detalhados). Além disso, os diagnósticos médicos não são precisos. Contudo, na maior parte das vezes, é possível perceber como cada história de vida reflete a história geral.

Figura 2.1 - "The Rake's Progress" - Gravura de William Hogarth (1735).

Figura 2.2 - "Gata e filhotes", de Gottfried Mind (1868).

Os dois casos documentados que viveram em séculos anteriores, Gottfried Mind, do século XVIII, e James Henry Pullen, do século XIX, expressam claramente a história da época. A documentação dos casos é fragmentada, principalmente no caso de Gottfried Mind. Não se sabe se Mind foi institucionalizado, mas o texto de Tredgold (1914) sugere que ele tinha alguma independência de locomoção na sua comunidade, ou seja, não permanecia totalmente segregado. Certamente, recebia apoio de alguém, possivelmente familiares, pois tinha acesso a materiais de arte. Já James Henry Pullen, que passou a maior parte de sua vida no Asilo de Earlswood, sofreu uma segregação social mais rígida, mas mesmo assim tinha relativa liberdade para circular na vila próxima. É interessante notar que tanto Mind quanto Pullen foram reconhecidos como artistas na sua época, e ambos receberam algum tipo de suporte da Corte.

Todos os outros casos são do século XX e referem-se sempre a sujeitos atendidos em instituições ou centros de educação especial durante a infância (no Japão, no Reino Unido, nos Estados Unidos). Refletem, todos eles, uma nova realidade: por um lado, o direito à escolaridade e o maior acesso à escola para a alfabetização de todas as crianças tornam-se incontestáveis; por outro, o desenvolvimento da psicometria e do diagnóstico intelectual trouxe como conseqüência a exclusão do sistema de ensino regular daqueles que não conseguem acompanhar outras crianças "normais", resultando na sua inserção num programa ou escola especializada.

Os programas de atendimento especializado tornaram-se possíveis pela divulgação dos sucessos pioneiros de profissionais como Itard, Seguin e Montessori. Mesmo reconhecendo nossa dívida com esses importantes educadores, o fato de a educação especial ter nascido no contexto médico afetou profundamente (e ainda influencia) as atitudes de educadores hoje. Com a introdução da psicometria, no início do século, e sua difusão na escola, o que significava uma possibilidade de "diagnóstico preciso e objetivo", um maior número de crianças pôde ser encaminhado para o ensino especial. Se, por um lado, essas crianças receberam um suporte escolar necessário, por outro, ganharam um rótulo pejorativo que marcou suas vidas. Nos anos 70, os custos socioafetivos dos benefícios do isolamento em classes especiais começaram a ser discutidos, e houve o início de um movimento em favor da integração, na rede comum de ensino, da criança portadora de deficiência. A nomenclatura sofreu nova crítica. O termo *deficiente*, por exemplo, foi questionado, perdendo lugar para o termo "pessoa com necessidades educativas especiais".

Refletindo essa história, todos os casos registrados de artistas *savants*, desde a década de 1930 até o presente, foram atendidos na rede especial de ensino, o que possibilitou, sem dúvida, o acompanhamento e a publicação dos relatos. Mesmo os que hoje são adultos[2] continuam quase todos com algum tipo de acompanhamento especializado; a exceção é Daniel, uma criança inglesa que freqüenta uma escola da rede comum de ensino, e seu caso é ilustrativo da tendência mais recente no ensino especial de promover a inclusão.

Como é pequeno o número de casos de artistas *savants*, apresentaremos um resumo de cada um, conforme as informações disponíveis na literatura. São eles, por ordem cronológica, Gottfried Mind, James Henry Pullen, Kiyoshi Yamashita, Yoshihiko Yamamoto, Shyoichino Yamamura, Richard Wawro, Alonzo Clemens, José, Nadia, Stephen Wiltshire e Daniel.

Gottfried Mind

O primeiro caso de artista savant de que se tem notícia é Gottfried Mind, conhecido como o "Rafael dos Gatos", nascido em

---
2. Não tivemos acesso a registros recentes sobre Yamamoto e Yamamura; Yamashita morreu há cerca de dez anos.

1768, em Berna, na Suíça. Com um estilo refinado e realista, realizou maravilhosos desenhos e aquarelas de gatos e outros animais (veados, ursos, coelhos), como também de grupos de crianças. Seu nível técnico e sua habilidade manual surpreendiam tanto que ele se tornou famoso na Europa. Ainda hoje se encontram reproduções de seus desenhos em livros ilustrados sobre gatos.

De acordo com Tredgold, Gottfried Mind demonstrou talento para o desenho desde cedo, apesar de apresentar uma deficiência mental bastante evidente. Foi diagnosticado como cretino, na nomenclatura da época, e apresentava, supostamente, hipotireoidismo,[3] doença endêmica na Suíça na época. Embora não haja comentários sobre um quadro de perda auditiva, é muito provável que ele sofresse de mais esse déficit, já que a perda auditiva é uma importante seqüela do hipotireoidismo, afetando cerca de 70% dos que sofrem desse mal (Hetzel 1986).

Ainda segundo Tredgold (1937), o patrão do pai de Mind interessou-se em lhe fornecer certo treinamento na área do desenho, já que era óbvio para todos que ele jamais poderia se sustentar com alguma profissão produtiva. Foi aprendiz de Freudenberger, um conhecido gravurista da época. Diz Tredgold:

> Ele nem lia nem escrevia, não conhecia o valor do dinheiro, suas mãos chamavam atenção devido ao tamanho e à aspereza e sua aparência indicava tão obviamente seu defeito mental que suas caminhadas pela cidade eram geralmente acompanhadas de levas de crianças que zombavam dele. (p. 449)

---

3. O hipotireoidismo é causado por falta de iodo, razão pela qual sua ocorrência é dominante em áreas distantes do mar. Apesar de ser passível sua prevenção, com ingestão de iodo no sal antes e durante a gestação, o hipotireoidismo continua sendo uma importante causa de nanismo, deficiência mental e perda auditiva em muitas regiões do mundo (DeLong, Stanbury e Fierro-Benitez 1985; Delange e Bürgi 1989), incluindo Minas Gerais e Goiás.

Figura 2.3 - Modelo "O Grande Eastern" de Pullen, do Museu Andrew Reed.

Apesar da deficiência, seu caso marcou história. Um dos quadros de Mind foi comprado pelo rei George IV da Inglaterra; algumas de suas obras valem até mil libras (Treffert 1990). Até hoje, seus quadros ainda são exibidos em museus de arte de Berna, Berlim e Zurique (Hill 1978). E uma medida da sua fama é revelada neste comentário de Ireland (1898): "Quadros representando gatos são muitas vezes vendidos como obras de Mind, sendo apenas cópias. Minds genuínos são muito raros" (p. 346). Outra medida é o fato de ele ser listado em várias enciclopédias de artistas, como as de Vollmer (1930) e Benezit (1976), entre outras.

James Henry Pullen

Outro caso citado pelos pioneiros que estudaram os *savants* foi James Henry Pullen, conhecido como o "Gênio do Asilo de Earlswood". Suas habilidades no desenho, na construção mecânica e sua inventividade chamaram a atenção de vários estudiosos, inclusive Down (1887), Seguin (1866) e Tredgold (1914; 1937), além de Sano (1918), que realizou a autópsia de seu cérebro.

O caso de Pullen talvez seja o mais pitoresco de todos, não somente pelo que se revela de sua personalidade nos relatos dos autores, mas também pela qualidade narrativa, em estilo vitoriano, das descrições do caso. O relato de Tredgold lembra um romance do século passado, ao passo que Sano inicia sua análise da matéria cerebral de Pullen citando uma fonte literária e discutindo, num tom moralista, o caráter dessa figura.

Pullen nasceu no ano de 1835, em Dalston, ao sul de Londres. A história familiar é incompleta, mas, segundo Tredgold (1914), os pais eram primos, tiveram 13 filhos, dos quais seis morreram na infância. Um irmão, William, também foi internado em Earlswood por alguns períodos. Era "surdo-mudo" como

James Henry. William trabalhava na gráfica de Earlswood e, segundo Tredgold (1914), desenhava ainda melhor que o irmão. No entanto, faleceu de câncer aos 35 anos de idade, quando já estava ficando muito maníaco (Sano 1918). As informações sobre a escolaridade de Pullen são bastante contraditórias. Embora Tredgold (1937) afirme que ele nunca freqüentou escola, "pois nenhuma (...) o aceitava" (p. 312), Sano diz que ele o fez até os 14 anos, "mas sempre com irregularidade. Devido à surdez e à mudez, ficava isolado e, assim, seguia seu próprio caminho, tornando-se original, egoísta, como permaneceu durante toda a sua longa vida, com um caráter indubitavelmente infantil" (p. 252).

Apresentou bastante atraso no desenvolvimento da fala e, embora seus conhecimentos escolares fossem precários, com a instrução de familiares, aprendeu a escrever algumas palavras simples, nomes de objetos do cotidiano. Foi internado no Asilo de Earlswood aos 15 anos de idade e lá permaneceu até morrer, em 1916, aos 81 anos.

Como a história de Pullen está intimamente ligada à da instituição onde residia, é importante salientar alguns aspectos pouco divulgados da entidade. Ao contrário do que possa parecer nos dias de hoje, o Asilo Real de Earlswood (*Royal Earlswood Asylum*) representou um marco de inovação para a época. Isso porque, anteriormente, os deficientes mentais eram recebidos em hospícios, junto com doentes mentais, em ambientes restritivos, onde eram utilizadas correntes, pesos e trancas para controlar os internos. Não se cogitava um programa educacional. Earlswood foi fundado no dia 26 de abril de 1848 por um grupo de filantropos, clérigos e médicos, como uma das primeiras entidades cujo objetivo era o de oferecer um contexto novo, não restritivo, com proposta educacional para seus residentes deficientes mentais (Sakura 1988). John Langdon Down – famoso por reconhecer o que chamou, à época, de mongolismo (hoje denominada síndrome de Down) como um quadro específico – foi um dos primeiros supervisores de Earlswood. Em seu primeiro cargo, lá trabalhou durante dez anos, de 1858 a 1868 (Sakura 1988).

A atitude progressista da entidade fica evidenciada no apoio recebido por Pullen para seus projetos artesanais.[4] Ele tinha a sua disposição folhas grandes de papel, carvão, material para desenho. Também podia dispor de duas oficinas para seus trabalhos de marcenaria. Além dos materiais convencionais para os trabalhos artísticos, também conseguia outros. Como exemplo disso, podemos citar o trabalho do "manequim gigante", que ele construiu na oficina para assustar pessoas estranhas. Essa estrutura, que tive oportunidade de ver em Earlswood, pintada em cores muito vivas, foi feita de madeira, com complementos de couro, brim, metal e papel. Sano descreve o objeto:

> Ele pensava ser possível impressionar e assustar as pessoas com um manequim gigante, que ele ergueu no meio da oficina. Sentado dentro desse monstro, ele conseguia dirigir os movimentos de seus braços e pernas e fazer um grande barulho através de uma corneta escondida que ficava presa à boca do gigante. (p. 254)

---

4. Infelizmente, o apoio que Pullen recebeu durante sua vida contrasta com a situação atual quanto aos cuidados com o acervo por ele deixado. O Museu Andrew Reed, fundado na entidade em julho de 1969 para expor os modelos de navios, esculturas e outras peças criadas por ele, bem como material pedagógico utilizado durante os primeiros tempos em Earlswood, existe somente no nome, já que os gastos públicos, pagos pelo Serviço Nacional de Saúde, não cobrem o luxo de cuidar de um museu, quando outras prioridades são prementes. Assim, na época de nossa visita, os objetos estavam guardados num salão escuro, sem proteção, sem iluminação, esperando um novo destino. A obra-prima de Pullen, o modelo "The Great Eastern", que lhe custou anos de trabalho, está escondido sob camadas de poeira. Tal situação reflete a mudança no atendimento ao portador de deficiência. O Royal Earlswood Hospital, que em épocas áureas chegou a ter 600 internos, atendia então apenas 200, já que existe um movimento no sentido de colocar os adultos em pequenos centros de convivência, de volta à comunidade, permanecendo na entidade apenas os mais velhos, que têm menor chance de adaptação a mudanças. Assim, a enorme construção vitoriana em tijolos vermelhos, pousada num morro, com vista para uma bela paisagem campestre inglesa, busca formas de adaptar-se à nova era, enquanto caminha em direção ao desmantelamento.

O relato mais completo sobre Pullen é o de Tredgold. Ele o descreve como uma pessoa independente nos cuidados da vida diária, mas que apresentava fala imperfeita (era "muito surdo"). Tinha boa memória e poder de imitação, os sentidos bem desenvolvidos e manifestava grande interesse em desenhar e examinar objetos para observar como tinham sido construídos. Encaminhado para a oficina de marcenaria, logo se tornou um excelente artesão. Em virtude de sua imaginação, iniciativa e empenho, Pullen se desenvolveu muito. Seu talento no desenho evidenciou-se já na infância, quando se comprazia ao entalhar pequenas barcaças em restos de madeira das fogueiras antes de ser internado em Earlswood. Sano (1918) descreve suas primeiras investidas artísticas:

> Impressionado, como toda criança de 5 ou 6 anos, com os pequenos barquinhos que os companheiros manobravam nas poças estreitas beirando as estradas de Dalston, onde nasceu, ele ficou obcecado em fazer tais brinquedos para si, e logo tornou-se hábil no entalhe de navios e em sua reprodução em desenhos a lápis. (p. 252) (cf. p. 81, fig. 2.4)

Em Earlswood, sua habilidade foi reconhecida e encaminharam-no para a marcenaria, onde logo aprendeu a trabalhar profissionalmente. Como possuía imaginação imitativa, recursos e atenção acima do nível dos outros internos, foi beneficiado com muita liberdade, não somente na instituição, mas no vilarejo próximo. Conhecido pelas pessoas da região, era visto até na cidade de Brighton, mais distante. Nos arquivos da entidade, constam notas reclamando que Pullen saía no final da tarde para beber nos bares e voltava muito tarde, até que se decidiu pela abstinência, após o que, de fato, nunca mais bebeu.

Os relatos de Sano, Tredgold e dos antigos arquivos da entidade sugerem que Pullen era independente na vida diária, embora apresentasse maiores dificuldades na comunicação e

49

interação pessoal, o que certamente influía no seu temperamento. É justamente assim que Sano inicia e conclui seu relato, discutindo o difícil temperamento de Pullen. O pesquisador cita as palavras do médico que atendeu Pullen, já em idade avançada: "Ele tem o senso de ciúme do artista, pois não me deixou tocar em nada. Só posso olhar de respeitosa distância e ele me disse confiante que, um pouco antes de morrer, pretende quebrar e destruir tudo o que fez" (p. 255).

Tredgold também relata distúrbios de comportamento de Pullen:

> Quanto ao temperamento, Pullen é geralmente calmo, bem comportado e de boa índole, e parece estar plenamente feliz, desde que lhe seja permitido trabalhar em suas idéias quando e como quiser. É intolerante sob supervisão e se irrita com pessoas curiosas menos avisadas. Às vezes, ultrapassava os limites e, se negadas solicitações consideradas nada razoáveis, pode emburrar ou ficar alterado. (p. 454)

Dois incidentes pitorescos refletem um pouco de sua personalidade. Em certa ocasião, Pullen chegou a preparar uma armadilha para liquidar um atendente que considerava seu inimigo. Construiu sobre a porta um tipo de guilhotina que seria acionada quando o atendente a atravessasse para entrar na oficina. O instrumento funcionou com segundos de atraso, evitando a morte da vítima.

Em outra ocasião, ele se apaixonou por uma moça que conhecera fora do asilo. Decidiu que queria se casar e se negou a trabalhar ou a discutir a questão enquanto não recebesse alta. O caso foi resolvido quando a comissão do asilo lhe ofereceu o cargo de almirante naval, em homenagem a seus serviços a casa, desde que reconsiderasse a questão do casamento. Ganharia um lindo uniforme de almirante, decorado com galões dourados. Pullen, sempre muito vaidoso, não teve dúvidas: optou pela fantasia e nunca mais falou em casamento.

Figura 2.5 - Pullen com o uniforme de almirante.

Desse último episódio, parece razoável supor que os administradores de Earlswood, quando o enganaram para que permanecesse na instituição, não levaram em conta apenas o fato de Pullen necessitar de uma vida cotidiana supervisionada. Ele era um artesão tão produtivo nessa época – criava centenas de peças de decoração e móveis de madeira, além dos desenhos e esquemas para suas próprias maquetes detalhadas de navios a vela ou de guerra – que sua contribuição certamente faria falta na oficina.

Pullen viveu em Earlswood até morrer, em 1916, aos 81 anos de idade. Nos últimos anos, sua produção se deteriorou marcadamente e, na autópsia realizada por Sano, evidenciou-se deterioração senil. Como se observa nos arquivos, nas últimas décadas de sua vida, aumentam as reclamações de que ele não produzia mais nada para a instituição, onde permanecia apenas nos horários das refeições e para dormir. Simplesmente trabalhava em benefício próprio, vendendo suas peças no vilarejo.

Embora não sejam conclusivos, os resultados da autópsia do cérebro interessam, porque fizeram com que Tredgold mudasse sua opinião sobre a etiologia do quadro de Pullen. Comparando o cérebro de Pullen com os de um homem surdo-mudo e de um homem normal, Sano (1918) assinala lesão orgânica e subdesenvolvimento principalmente dos lóbulos frontais e temporais. O pesquisador diz:

> O cérebro é pequeno; seus lóbulos frontais e temporais mal desenvolvidos; há falta de complexidade no padrão de convoluções dos lóbulos e isso é muito evidente no centro da fala: sua condição de surdo-mudo é mais central que periférica quanto à origem. Os lóbulos parietais não estavam mal, os lóbulos occipitais estavam bem, o corpo caloso era marcante, e ele certamente teria capacidade especial na esfera da existência mental. (p. 266)

Antes da autópsia, em 1914, Tredgold escrevera que Pullen era um exemplo "de deficiência mental secundária leve, em virtude da privação sensorial (surdez). A condição é semelhante quanto ao tipo, embora diferindo em grau, daquela que se nota freqüentemente em casos negligenciados de surdez congênita" (p. 267). Depois de ler o relato de Sano, porém, Tredgold alterou suas conclusões em um parágrafo de importância fundamental (1937): "Dada sua condição mental e o estado de seu cérebro, pode-se concluir justificadamente que Pullen era um amente primário. Seus defeitos de audição e fala eram causados, aparentemente, por anormalidade de desenvolvimento do cérebro (...)" (p. 456). Prossegue sugerindo que a surdez causou privação sensorial e resultou na concentração restrita, que o fazia perseguir interesses próprios. Conclui: "A combinação desses fatores com sua surdez, simplicidade infantil, egoísmo, desconfiança de estranhos e ataques de birra quando confrontado deve-se ao desenvolvimento incompleto e irregular de seu cérebro; que ele era, de fato, um instável amente primário de alto grau" (p. 456).

Há muito desacordo entre os autores (Goddard 1914; Morgan 1936; Rothstein 1942) sobre a validade de considerar Pullen um *idiot savant*; e muito disso se deve ao fato de Tredgold ter afirmado no seu primeiro texto que se tratava de amência secundária. Pintner (1924), por exemplo, considera que o "Gênio do Asilo de Earlswood" é um exemplo daqueles que não são "tecnicamente débeis mentais"; ao contrário, "[trata-se de] tipos psicopatas ou levemente insanos, como se encontra muito em instituições para os débeis mentais" (p. 190). Segundo esse autor, Pullen direcionou-se para uma atividade em particular, associada a seus próprios interesses, diante do isolamento causado pela deficiência auditiva.

Embora os resultados da autópsia de Sano sejam bastante rudimentares para os padrões atuais, assinalam claramente um subdesenvolvimento de certas áreas, apontando para causas orgânicas de disfunção mental. Note-se que não é possível, hoje, conseguir um diagnóstico mais preciso para o quadro de Pullen. A deficiência auditiva consta de forma anedótica apenas, sem dados descritivos. O fato de o irmão também ser surdo pode sugerir um problema auditivo de origem genética, mesmo porque os pais eram primos, embora isso não descarte a possibilidade de uma mera coincidência.

No entanto, se analisarmos o material produzido por Pullen que sobreviveu até hoje, as conclusões poderiam dar apoio às hipóteses de Pintner (de que seu quadro não era de deficiência mental, mas, sim, indicava psicopatologia ou insanidade), com base nos comentários que se seguem. Infelizmente, não há informação nenhuma sobre o processo de produção de seus desenhos, dos modelos de embarcações e das peças esculpidas, a não ser comentários superficiais sobre a quantidade de sua produção e o reconhecimento público que obteve, até mesmo do então príncipe de Gales, rei Eduardo VII, que lhe forneceu dentes de marfim para escultura, material utilizado para incrustação nas peças de escultura e com o qual ele criou broches e outras pequenas jóias.

Foi o próprio Pullen que documentou sua trajetória artística, pontuando sua vida num quadro composto de desenhos que mostravam seus feitos ano a ano. No centro, colocou o plano para a construção do "Great Eastern", que considerava sua obra-prima. Sua produção artística centrava-se na construção dos modelos de navios. Dois exemplos permanecem em Earlswood e atestam sua habilidade como marceneiro, bem como sua inventividade – isso numa época em que não existiam ferramentas elétricas.

Dois tipos de desenhos sobreviveram: planos para suas construções tridimensionais e desenhos a carvão, meras cópias em estilo vitoriano, realizados durante um período em que Pullen quebrou a perna e teve de ficar acamado durante meses. Com base nesse material, pode-se observar que os planos não são meros rascunhos; antes, parecem ter sido concebidos como obras de valor intrínseco; os desenhos dos planos têm um caráter muito diferente dos desenhos em estilo vitoriano; os desenhos de cachorros *setter* na relva e outros temas são tão semelhantes aos do irmão que não é possível distingui-los uns dos outros, ao passo que os planos revelam algo mais pessoal do estilo de James Henry Pullen; no caso dos planos, o desenho é necessariamente mais nítido, sem sombreado, pois tem como função auxiliar na construção da obra tridimensional (cf. p. 82, fig. 2.6).

Este artista é bastante semelhante a outros *savants* em: habilidade manual; interesses obsessivos em uma área restrita de desempenho; evidência de alguns distúrbios de comportamento; alterações na área de linguagem. Em alguns pontos, porém, apresenta peculiaridades: nenhum dos outros artistas *savants* tem uma produção mística, altamente simbólica ou metafórica, como vemos na barcaça de Pullen, com seus anjos e diabo; é o único a utilizar a arte para expressar raiva, ansiedade ou outras emoções, como se percebe no Monstro; nos outros artistas, não constam evidências do tipo de planejamento prévio que Pullen realizou, tanto nos planos para a construção do Monstro e do "Great Eastern" quanto na capacidade de documentação de sua atividade profissional, com a elaboração do quadro de sua vida.

Tais evidências poderiam sugerir uma problemática de ordem mais afetiva do que mental, como se pode perceber no capítulo 4, em que se discute a literatura sobre a produção de imagens por artistas primitivos e *naifs*, doentes mentais e deficientes mentais. Embora seja impossível definir se Pullen apresentava deficiência mental, deficiência auditiva ou psicose, uma coisa é certa: firmou-se como artista!

Yamashita, Yamamoto e Yamamura

Embora os três artistas japoneses sejam muito citados na literatura, o relato sobre cada um deles é bastante breve.

Figura 2.7 - "Fogos em Ryogoky", óleo de Yamashita, 1955.

Figura 2.8 - "Palácio de Nagóia", de Yamamoto, realizado na adolescência.

Kiyoshi Yamashita, apelidado de "O Van Gogh do Japão", tornou-se conhecido em seu país por suas detalhadas montagens em papel (Lindsley 1965). Nasceu em 1922 e viveu a infância em ambiente muito desfavorável. Passou por uma seqüência de períodos difíceis, entre os quais sobreviveu a um terremoto, conviveu com pai alcoólico, viveu a separação dos pais, conviveu com padrasto alcoólico, presenciou nova separação, foi ameaçado de filicídio pela mãe. Neste último episódio, Yamashita e seus irmãos foram socorridos, quando então foi internado num lar de atendimento para retardados mentais (Lindsley 1965). Lá, seu talento artístico foi identificado e estimulado. Apesar do desenvolvimento na área de desempenho artístico, seu nível cognitivo era bastante rebaixado (medido como Q.I. de 68), sua linguagem primitiva e o rosto, inexpressivo. Quando tinha 35 anos, o doutor Ryuzaburo Shikiba (1957) publicou um livreto sobre ele, descrevendo sua vida e obra. Foi justamente esse trabalho que proporcionou a divulgação de seu talento. No entanto, quando saiu da instituição que o acolheu, viveu como andarilho, subsistindo pela mendicância e dormindo em estações de trem. Segundo o que Morishima (1975) escreveu, ele morreu alguns anos antes da data dessa publicação.

Outro "Van Gogh do Japão" (Morishima 1974) foi documentado alguns anos mais tarde. Yoshihiko Yamamoto nasceu perto de Nagóia, em 1948, e se tornou conhecido no país por suas gravuras do Palácio de Nagóia e por seus quadros de navios. Yamamoto apresentava um quadro de deficiência mental (Q.I. medido de 23, quando tinha 12 anos, e 47, aos 26 anos de idade, segundo Treffert 1990). Quando ainda era bebê, seus pais foram informados de que ele era hidrocefálico e provavelmente seria deficiente mental. Associada a esse quadro, apresentava também deficiência auditiva moderada, o que ocasionou prejuízos importantes na evolução da linguagem. (Morishima e Brown – 1976 – acreditam que o quadro sugere lesão cerebral do hemisfério esquerdo.) Diferentemente de Yamashita, Yamamoto teve sempre o apoio da família. Sua mãe lutou muitos anos para garantir-lhe atendimento especializado, porque ele era maltratado pelas outras crianças na escola da rede regular que freqüentava, e somente obteve êxito quando o filho já estava com 12 anos (Morishima 1975).

O professor que o atendeu, de nome Kawasaki, utilizou um diário pictográfico para promover a comunicação do aluno, já que ele era apático e sua fala, ininteligível. Nesse diário, Yamamoto expressaria eventos significativos de sua vida. A terapia em fonoaudiologia não logrou sucesso, porque a criança se recusava a colaborar. Durante o processo escolar, evidenciou-se habilidade especial nos traçados, principalmente o controle dos traços retos, e o desenho se tornou um canal para iniciar um processo de evolução escolar. Baseado nessa motivação, o professor desenvolveu um currículo individualizado para Yamamoto que, então, começou a copiar letras e figuras. Seu interesse pela cópia de figuras de desenhos em quadrinhos estereotipados foi ampliado para o trabalho de observação e desenvolvimento da percepção visual.

Apesar da facilidade no desenho linear, o uso de cor era prejudicado pela tendência de sobrepor camadas de tinta. Percebendo a dificuldade em realizar *croquis* de figuras humanas, dada a tendência de sobrepor cores e destruir a imagem inicial, o professor Kawasaki introduziu a técnica de gravura, em que a relação de figura e fundo se inverte. Pediu que ele transferisse para a matriz em madeira um lindo desenho espontâneo do Palácio de Nagóia. A partir daí, as gravuras que fez foram se tornando tão boas que Yamamoto disputou um concurso de artes na cidade de Nagóia e ganhou o primeiro lugar. Com os sucessos desse trabalho, o professor passou a promover a produção de seu aluno com o objetivo de conseguir recursos para financiar sua atividade artística. Depois do êxito na técnica de gravura, outras técnicas foram introduzidas (aquarela, pintura a óleo e técnica de pincelada oriental), mas o repertório temático se manteve basicamente estável (construções e embarcações de sua vivência cotidiana) (Morishima e Brown 1976).

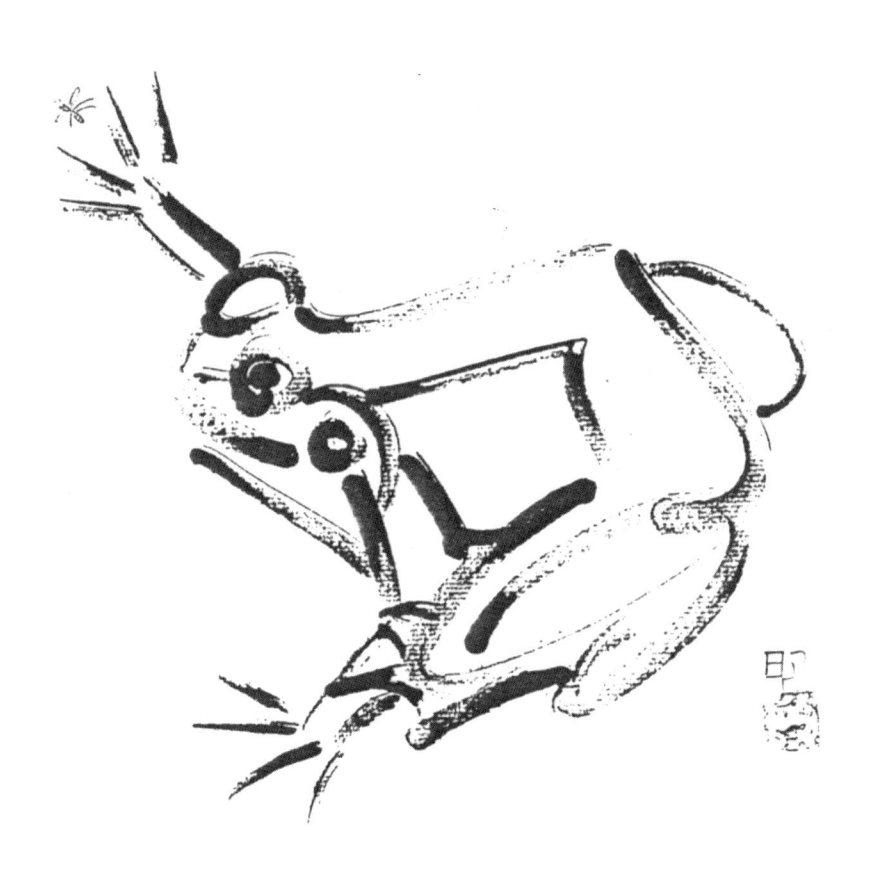

Figura 2.9 - Pintura digital de Yamamura.

Shyoichino Yamamura, o terceiro artista *savant* japonês, é conhecido como o "Artista dos Insetos" e seu caso foi registrado de forma bastante resumida por Morishima e Brown (1977). O diagnóstico foi de autismo infantil precoce, com atraso severo no desenvolvimento de fala e linguagem. Os autores fornecem um relato confuso sobre a etiologia do problema, dizendo que "Yamamura teve coqueluche e sarampo aos 4 anos de idade, ficou gravemente enfermo e também teve difteria aos 7 anos, resultando no severo atraso de desenvolvimento de fala e linguagem, bem como de comportamento adaptativo" (p. 33). Parece, porém, que, aos 4 anos, ele já teria adquirido linguagem e, portanto, possivelmente teria ocorrido uma perda ou regressão, e não um atraso de aquisição.

Seu fascínio pelos insetos surgiu quando a mãe procurou uma forma de substituir sua obsessão por arrancar todas as tulipas e pepinos que cresciam nos canteiros dos vizinhos. Yamamura passou, então, a coletar insetos à beira do rio. Além dessa atividade, gostava muito de desenhar. Yamamura freqüentou escola regular por dois anos, pois não havia vaga para ele na escola especial. Apesar do apoio da mãe, não progredia; levantava-se no meio da aula para caçar insetos e depois observava-os durante horas, ignorando os ensinamentos do professor. Só aos 11 anos de idade entrou na escola especial. Seu professor Motsugi (1968) registrou o caso, posteriormente descrito por Morishima. Logo identificou o talento artístico, que contrastava marcadamente com sua inteligência (Q.I. medido de 48 a 53), segundo os autores citados. Também estimulou a coleta de insetos, ensinando-o a observá-los e desenhá-los. Deu-lhe, também, uma rede para caçá-los, visando, ao mesmo tempo, eliminar um comportamento inoportuno de beijar longamente as meninas, chupando-lhes a bochecha. Aos 19 anos, Yamamura foi encaminhado para outro tipo de atendimento. Com o professor Tsutsumi, a ênfase do programa era promover a independência nas atividades da vida diária e garantir uma ocupação produtiva, aproveitando seu interesse pelos insetos. Assim, além de continuar o estudo e a observação dos insetos, Yamamura aprendeu a representá-los com outras técnicas, orientado pelo professor. Tornou-se habilidoso no desenho digital (técnica milenar oriental) e no recorte de padrões de insetos. No decorrer de seis anos, sua produção artística se desenvolveu. Passou de desenhos planos e estáticos para uma representação cada vez mais dinâmica. Aprendeu a utilizar as unhas para traçar os delicados detalhes dos insetos, aliando o gesto rápido, leve e preciso com um toque ao mesmo tempo espontâneo e genial. Seu repertório de tipos de insetos era imenso. Para Morishima e Brown, que conheceram os três artistas, Yamamoto exemplifica as implicações positivas da intervenção no processo educacional do deficiente, propondo-lhe um programa de artes visuais que despertem sua inclinação natural. Isso porque Yamamoto, diferentemente de Yamashita e Yamamura, não apresentava uma produção artística pessoal antes de entrar na escola; foi levado a desenvolver suas capacidades justamente por meio do programa especial, numa tentativa de abrir um canal de comunicação com ele.

Também cabe assinalar que os artigos sobre os três casos revelam algo do ensino no Japão, onde o mestre é venerado. Os professores que atuaram com eles são identificados pelo nome e sua atuação é considerada importante, se não fundamental, para o desenvolvimento dos três artistas. Já nos casos do Ocidente, publicados em revistas de cunho científico, o professor é sempre uma figura anônima, como se desempenhasse uma função genérica que qualquer outro professor teria efetuado da mesma maneira.

Richard Wawro

Em anos recentes, o caso de Richard Wawro, da Escócia, foi documentado no filme *With eyes wide open*, pelo doutor Laurence Becker (1980), da Universidade do Texas, em Austin. Atualmente com mais de 40 anos, Richard realiza lindas composições em *crayon* ou pastel, com muita sobreposição de tonalidades. Ele se apóia em imagens vistas em livros ou na televisão ou desenha de memória cenas de paisagens vistas com seus binóculos. Não faz, porém, simples cópia ou imitação, constrói a imagem, acrescentando tonalidades que refletem efeitos de luz e sombra; manipula as imagens e as torna suas (Treffert 1990). Lembra de cada trabalho que realizou (são mais de 2.300 quadros catalogados), com pormenores de circunstância e data (cf. p. 83, fig. 2.10).

Treffert não define um diagnóstico preciso para o caso, mas a história de Richard sugere um quadro de deficiência múltipla (diabetes, deficiência visual moderada, deficiência mental severa). Aos 3 anos, seu Q.I. foi estimado em cerca de 30. Wawro apresenta também alguns comportamentos autistas (obsessão por rotina fixa, distanciamento social, gestos bizarros, comportamento ritualístico e atraso na evolução da linguagem).

Embora não tenha sido aventado um diagnóstico de seqüela de rubéola congênita, Richard Wawro apresenta um quadro bastante característico das malformações conseqüentes dessa doença: catarata congênita, glaucoma (problema que se manifestou recentemente), deficiência auditiva leve para freqüências agudas, além de atraso no desenvolvimento motor e de linguagem (ver capítulo 5). O pai relatou numa conversa com a pesquisadora que, no ano passado, Richard sofreu uma intervenção cirúrgica no coração em virtude a um problema congênito que nunca se manifestara antes.

Atualmente, Richard Wawro vive e trabalha em Edimburgo, na Escócia. Filho de imigrantes poloneses do período pós-guerra, Richard perdeu a mãe em 1979, vitimada por câncer, e, após alguns anos, passou a conviver com a madrasta, também polonesa, e o pai.

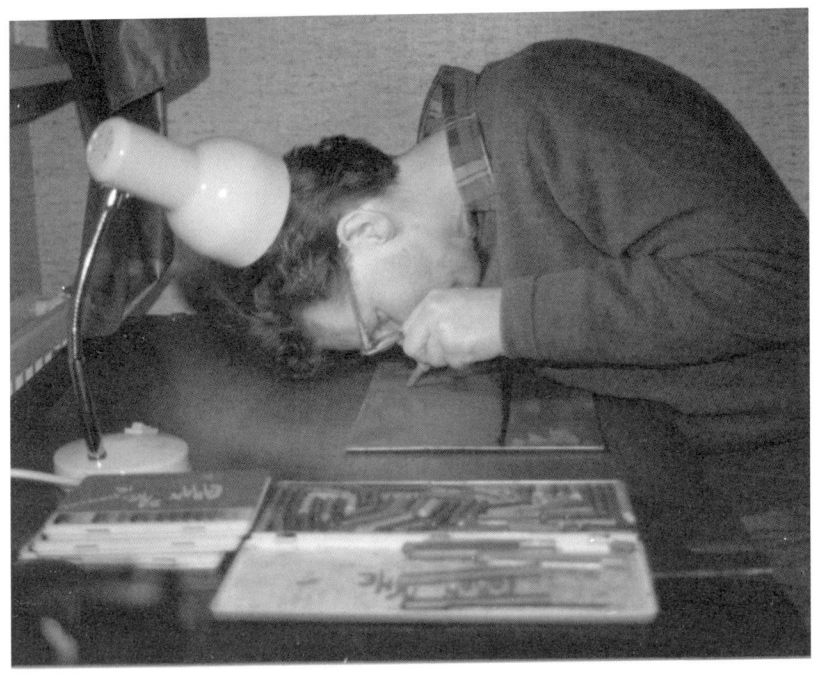

Figura 2.11 - Richard Wawro desenhando.

Seus primeiros desenhos foram realizados quase por acaso, aos 3 anos de idade. Recebeu uma prancheta e lápis na casa de uma vizinha e imediatamente cobriu a folha com imagens reconhecíveis. No entanto, seu talento artístico passou a ser identificado e estimulado de fato somente depois que começou a ser atendido em um centro para crianças com distúrbios emocionais em Edimburgo. Os pais perceberam o talento do menino e buscaram confirmação profissional de sua intuição. Um artista avaliou o material, separando o que era bom do que não era (cópias de personagens de Disney, por exemplo). Dali em diante, mesmo com poucos recursos, os pais buscaram meios de possibilitar que Richard expusesse seus quadros em galerias. A partir dos anos 80, obteve reconhecimento internacional, participando de exposições nos Estados Unidos e no Havaí. Seus quadros menores são vendidos a 100 libras esterlinas cada um, em média. Tem o apoio incondicional da família. Seu pai ainda hoje comemora cada produção com um grande abraço e uma folia a dois, e seu irmão auxilia na documentação de cada quadro novo.

Os desenhos de Richard, que seriam mais bem denominados de pinturas, têm tamanhos variados. Trabalha em pequenos cartões (cerca de 13 cm x 18 cm) ou em folhas maiores (cerca de 45 cm x 60 cm) de papel Schoeller. Utiliza unicamente o crayon à base de óleo da Caran d'Achc, sobrepondo cores para obter a textura profunda que deseja. Obtém o acabamento desejado passando uma flanela até lustrar toda a superfície. Pude observá-lo trabalhando e, quando o vi preparar um céu, espantei-me com sua seleção de cores, pois não parecia que os tons escolhidos o levariam a uma tonalidade apropriada. Trabalhou sobrepondo magenta arroxeada, verde-limão e azul-claro e, ao final do processo, conseguira a luminosidade de um entardecer. O pai relata que não é possível ensiná-lo – ele tem evoluído com a própria prática, mas nunca se beneficiou de ensino formal. Muitas vezes, estraga um quadro, porque continua sobrepondo cera numa região já sobrecarregada e, com isso, as camadas descamam e o trabalho de muitas horas se perde. Segundo o pai, ele não consegue antecipar esse tipo de problema. Continua trabalhando numa área até atingir o tom desejado, sem avaliar outros aspectos, como aquele por exemplo.

Richard é canhoto e, mesmo com uma preensão primitiva (em chave), tem pleno domínio do instrumento. No entanto, apresenta dificuldades no desenho de animais e pessoas. As proporções, posição e número de pernas aparecem como um obstáculo, e atualmente ele evita essa temática. Nos primeiros trabalhos, Richard desenhava mais figuras em atividade: uma cena de bombeiros apagando fogo, maquinário no campo de trigo, barcos ancorados numa baía, por exemplo. Atualmente, rege sua atividade pelas imagens dos livros de viagens; tem enorme fascínio por lugares. Com parte do dinheiro que arrecada com a venda de seus desenhos, compra livros com fotografias de diferentes lugares. Embora não leia, e tenha aprendido a escrever o nome com muita dificuldade, assimila os nomes dos lugares que vê nos livros de fotografias turísticas e, depois, as imagens dos livros surgem nas suas pinturas, que começaram a refletir algo dessa linguagem, mais típica da fotografia. Muitos de seus quadros trazem no primeiro plano uma massa de flores vermelhas ou amarelas, com a paisagem surgindo por trás. Richard colore essas flores sem mistura de cor, usando o *crayon* em tom puro, e o resultado não é tão interessante quanto outras soluções que consegue, como quando trabalha o efeito da luz no campo.

Richard é bastante sociável. Parece orgulhar-se de suas pinturas e consegue responder perguntas básicas sobre o que faz. Na época em que o visitei, freqüentava, diariamente, um centro ocupacional para adultos deficientes e tinha alguns amigos nesse centro.[5]

---

5. O site na Internet, para divulgação da produção de Richard Wawro, pode ser visitado por pessoas interessadas em conhecer mais de sua história e ver outras imagens produzidas por ele: www.wawro.net.

Alonzo Clemens

James Henry Pullen e Alonzo Clemens, artista americano, que esculpe figuras de animais, principalmente cavalos, são os únicos casos registrados de artistas *savants* que atuam no plano tridimensional (cf. p. 84, fig. 2.12).

Alonzo nasceu em 1956 e, segundo a mãe, seu desenvolvimento foi normal, evidenciando desde idade precoce um interesse pela modelagem de formas (Treffert 1990). Tem um irmão mais velho e duas irmãs mais novas, sendo que nenhum deles apresenta indícios de talento especial em alguma área artística. A descrição de Treffert da história do caso sugere que Alonzo sofreu uma lesão cerebral aos 3 anos de idade, em uma queda que causou, daí em diante, atraso geral no seu desenvolvimento, distúrbios na evolução da fala e deficiência mental (Q.I. medido de 40). Passou a ser atendido em educação especial aos 12 anos de idade e mora atualmente em Boulder, no Colorado, num centro para pessoas com atraso de desenvolvimento.

Alonzo não é deficiente visual, mas pode esculpir no escuro. Como outros casos citados aqui, apóia-se na memória e modela as figuras com a pressão dos dedos, definindo detalhes posteriormente com as unhas. Às vezes, utiliza uma única ferramenta (cinzel).

Quando Alonzo tinha cerca de 12 anos e residia numa instituição para atendimento de deficientes, a equipe profissional considerou que a atividade de modelagem tornara-se prejudicial para ele, porque se ocupava tanto com ela que não tinha possibilidade de desenvolver outras habilidades. Por isso, a argila passou a lhe ser fornecida somente como prêmio para comportamentos desejáveis. A criança reagiu trabalhando às escondidas, modelando suas inúmeras figuras de animais com piche arrancado à unha do asfalto e escondendo-as sob sua cama. Quando os atendentes descobriram o que Alonzo estava fazendo, percebeu-se a necessidade de promover, ao invés de sufocar, sua produção.

Figura 2.13 - Alonzo com escultura.

Nunca foi formalmente ensinado em artes, já que os pais e a pessoa que organiza suas exposições temiam que seu estilo pessoal pudesse ser prejudicado. A evolução que se evidenciou em seu trabalho, segundo Treffert, é resultado das visitas que passou a fazer ao zoológico, para observar animais verdadeiros, e não apenas trabalhar com figuras e ilustrações de livros e imagens da televisão. Suas figuras, desde então, passaram a refletir mais vitalidade e ação. Segundo Treffert, Alonzo é um *savant* classificado como prodigioso, já que suas esculturas são consideradas extraordinárias, independentemente de seu quadro geral de deficiência. Suas peças são vendidas por uma galeria de Aspen, no Colorado.

José

Oliver Sacks é um neurologista que se tornou conhecido do público por sua participação em filmes como *Tempo de despertar* e *Rain man*. No livro *O homem que confundiu sua mulher com um chapéu*, ele descreve um jovem de 21 anos, José, que denominou de "O Artista Autista". Embora o relato não detalhe muito seu quadro, Sacks sugere que os severos distúrbios de linguagem do jovem foram causados por uma encefalite aos 8 anos, com conseqüente lesão de lobo temporal, tanto direito quanto esquerdo. A neurologista que o atendeu na época diagnosticou agnosia auditiva verbal. Na descrição do caso, Sacks acrescenta outro diagnóstico: autismo secundário tardio, causado por lesão cerebral.

Quando foi atendido aos 21 anos, após ter passado muitos anos socialmente isolado, em virtude das dezenas de crises convulsivas (psicomotoras) diárias, a primeira preocupação da equipe médica foi o controle da epilepsia. O tratamento surtiu bom efeito e, com fonoaudiologia, ele começou a emitir sons novamente, embora mantivesse prejuízos em suas "habilidades para usar, compreender e reconhecer a fala" (p. 210). Para José, a fala servia como meio de suprir necessidades físicas, com função meramente prática; não a utilizava como meio de interação social e muito menos de auto-expressão. Segundo Sacks, o *desenho* era seu veículo real de auto-expressão.

Sacks descreve poucos episódios de desenho com José, e a maioria dos exemplos relatados são situações de cópia, nas quais os temas que mais o estimulam são os do mundo natural (cena de pescaria na lagoa, peixes, flor do campo etc.). Em algumas ocasiões, Sacks ofereceu-lhe um modelo presente – um relógio, por exemplo. Mas José também era capaz de desenhar de memória figuras observadas algumas semanas antes. De acordo com o autor, "ele capta o mundo como formas – direta e intensamente sentidas – e as reproduz" (p. 212), salientando tanto a surpreendente percepção visual de José quanto seu interesse por detalhes. Sugere que é por meio desse tipo de pensamento concreto, da vivência direta e primordialmente sensorial que autistas se manifestam como "artistas".

Note-se, porém, que, dado o número limitado de sessões de desenho acompanhadas por um especialista, mesmo quando se trata de profissional tão eminente quanto Oliver Sacks, não se poderia qualificar José como um artista, mesmo que seu potencial seja visível nesses episódios esparsos. Teria sido necessário que ele tivesse ampliado sua produção, demonstrando suas habilidades também na produção espontânea, e não apenas na cópia. Apesar disso, o caso foi incluído neste levantamento bibliográfico, porque parece ser bastante típico daqueles que demonstram potencial, mas não têm oportunidades para desenvolvê-lo, por falta de condições ou de interesse dos responsáveis pelo atendimento. Assim, o caso de José é importante, porque sugere haver outros talentos desperdiçados, que não são estimulados minimamente, perdendo-se, então, um importante canal de desenvolvimento e linguagem, sem falar na realização pessoal e mesmo potencialmente profissional.

Figura 2.14 - Desenho de José baseado em imagem.

Nadia

Certamente, o mais importante e profundo estudo de caso de artista *savant* é o da doutora Lorna Selfe (1977; 1983) sobre Nadia, realizado na Unidade de Pesquisa de Desenvolvimento da Criança da Universidade de Nottingham. Aos 6 anos de idade, a menina fora diagnosticada como portadora de autismo infantil precoce, em razão do quadro clássico de sintomas: surgimento precoce do quadro, necessidade obsessiva de evitar o novo, comportamento ritualístico, sociabilização prejudicada, ecolalia e linguagem funcional extremamente limitada (Selfe 1977). Exames como o EEG demonstraram um quadro minimamente anormal; o exame radiológico apontou uma estrutura braquiocefálica.

O que mais marcou nas primeiras avaliações, porém, foram os desenhos que Nadia realizou a partir dos 3 anos de idade. O caso recebeu bastante divulgação na imprensa, até mesmo televisiva, pois a criança fazia seus desenhos com muita fluência e realismo fotográfico, utilizando uma simples caneta esferográfica ou um lápis. Seus desenhos de cavalos, pelicanos e galos indicavam um talento admirável, principalmente considerando sua idade cronológica. Inspirava-se em figuras ou ilustrações de livros infantis, com base, geralmente, em uma única observação, e apoio na memória. Seus desenhos eram realizados muito rapidamente, com o rosto bem próximo à folha e com extraordinária destreza manual (embora sua coordenação global fosse precária). Desenvolveu um estilo peculiar, com representação de figuras tridimensionais em movimento.

Em virtude da qualidade surpreendente dos desenhos, e também da cuidadosa documentação realizada por Selfe (1977; 1983; 1985), o caso de Nadia foi divulgado ao público num documentário da BBC. Sua habilidade gráfica passou a ser discutida em todos os estudos posteriores sobre os *savants*, bem como por autores que estudam o desenho infantil (Arnheim 1986; Pariser 1981; Gardner 1980; Thomas e Silk 1990; Golomb 1992; Cox 1991, entre outros).

Figura 2.15 - Desenho de Nadia aos 5 anos.

Figura 2.16 - Desenho de Nadia do período da adolescência.

Outra razão pela qual o caso de Nadia surge tantas vezes na discussão sobre as habilidades dos *savants* é o fato de que ela praticamente parou de desenhar aos 8 anos. Sua habilidade deteriorou marcadamente e, hoje, embora ainda desenhe um pouco, sua grafia lembra apenas vagamente o grande potencial que se perdeu. Há outras referências na literatura sobre o aparecimento repentino e a perda posterior de habilidades extraordinárias (Treffert 1990), e Selfe baseou sua explicação do fenômeno *savant* precisamente nesse fator. Segundo Selfe, o desempenho gráfico de Nadia era possível justamente por causa de suas severas deficiências lingüísticas, que faziam com que ela representasse o que via, em vez de representar imagens carregadas de viés verbal. Para a pesquisadora, ocorreu uma transferência de habilidades. Ou seja, quando Nadia evoluiu lingüisticamente, sofreu perdas no desempenho da representação gráfica. Esse acontecimento confirma as hipóteses de Selfe sobre a relação entre abstração/linguagem verbal e percepção visual/linguagem gráfica. No entanto, como na época, aos 8 anos, Nadia viveu um período marcado pela tragédia pessoal (o falecimento da mãe, que estivera com câncer durante alguns anos), outros autores questionam as conclusões de Selfe, sugerindo que outros fatores podem ter causado a deterioração no desenho, como: tristeza pela morte da mãe ou lesões cerebrais resultantes de convulsões. Durante um período da adolescência, os únicos desenhos que fez foram formas circulares, com sobreposição de laçadas.

Os recentes avanços na área de autismo, bem como críticas dirigidas às hipóteses de Selfe, levaram a pesquisadora a rever suas conclusões iniciais. Ela o fez voltando à fonte de sua pesquisa: Nadia. Baseada num longo questionário dirigido ao pai, Selfe (1995) levantou dados sobre como a garota Nadia estava na vida adulta e obteve dados também do centro residencial freqüentado por ela. Com base nesses dados e nos desenhos mais recentes de Nadia, hoje com 26 anos, ela a descreve: independência nos cuidados com o próprio corpo, com exceção dos cabelos; incapacidade de viver na comunidade sem supervisão, pois não consegue desempenhar as tarefas domésticas sozinha ou manejar dinheiro, informar-se sobre as horas, contar, localizar itens nas prateleiras de um supermercado, ler ou escrever palavras simples. Selfe (1995) afirma que "o quadro que emerge de Nadia hoje é o de um indivíduo com deficiência severa, que tem algumas habilidades básicas, embora limitadas, de auto-suficiência, mas que necessita de um alto grau de cuidado e supervisão em todas as atividades mais complexas da vida diária" (p. 220).

Como são seus desenhos hoje? Considerando a produção de agora à luz de sua fluência original, alguns dos desenhos atuais parecem rígidos e estereotipados do ponto de vista gráfico. No decorrer dos anos, a produção artística de Nadia certamente não cumpriu a promessa original que os primeiros desenhos traziam. Selfe pergunta: "Tal talento é irrecuperável? A maior parte das noções sobre aquisição de habilidades é contestada se pensamos em Nadia como alguém que aprendia a desenhar ativa e conscientemente, adquirindo mecanismos e resolvendo problemas de planejamento da forma descrita por Freeman (1980)" (p.14).

Os desenhos de Nadia merecem um olhar ao mesmo tempo carinhoso e criterioso. Muito mudou no seu estilo. Os desenhos, que na infância sangravam a folha, agora são centralizados. Anteriormente, não havia tentativa evidente de adaptar a imagem ao espaço disponível, como vemos nos trabalhos da criança pré-escolar que busca soluções gráficas para os desafios do espaço (Goodnow 1979) Se, em termos de avaliação artística, essa é uma solução organizacional mais sofisticada do que a centralização simétrica, só poderíamos utilizar como critério o termo "sofisticado" se se tratasse de uma atividade consciente, e não de um acidente. No caso dos desenhos precoces de Nadia, provavelmente ela não tinha consciência das diferentes possibilidades de solução espacial existentes, nem do efeito que causava quando escolhia uma e não outra forma de disposição.

Hoje, ela usa as cores de acordo com os preceitos de nossa sociedade sobre a forma correta de correspondência, ao passo que, na infância, não trabalhava com cor. Não temos dados sobre como esse processo de aceitação da cor se deu – se ela foi ensinada diretamente ou se se apropriou dessas regras tão corriqueiras como as crianças costumam fazer quando ingressam na escola. Embora o tipo de cor selecionada não possa ser considerado imaginativo, pode-se dizer, certamente, que a ampliação de seu repertório básico indica progressos. O fato de que agora ela aceita trabalhar com materiais diversos (segundo a professora de artes da entidade onde reside), permite-lhe uma abrangência maior para sua produção artística.

Uma das características mais encantadoras de seus desenhos precoces era o da repetição de linhas em sobreposição. O redesenhar de alguns segmentos ajudava a sugerir movimento e expressava ritmo. No entanto, com base em minha experiência como professora de crianças com distúrbios neuromotores, parece-me que esse tipo de tratamento gráfico, apesar do interesse visual que desperta, não reflete uma tentativa consciente de representar movimento, antes, revela uma condição patológica. No caso de Nadia, poderia indicar um distúrbio de organização, como se encontra na apraxia: como não há noção clara de quando a tarefa ficou concluída, ela é realizada inúmeras vezes. Assim, em muitos de seus desenhos precoces, há segmentos repetidos em diferentes orientações, como se o desenho fosse iniciado e depois recomeçado ainda outra vez. Um dos elementos freqüentemente repetidos é o bico do galo, mas também aparecem boca de cavalo e patas em muitos desenhos. Na sua produção atual, essa característica já não é evidente. Observando Nadia desenhar e analisando algumas de suas produções realizadas nos últimos anos, percebe-se uma atitude mais organizada de definição de temática e fazer artístico. Seus desenhos trabalham uma única figura de cada vez: um cavalo, um auditório de cinema, um hospital, o Papai Noel, uma árvore de Natal. Tem uma intenção clara ao iniciar e sabe quando terminou. Por exemplo, quando tive oportunidade de observá-la desenhando, notei que ela só considerou que o Papai Noel que estava desenhando estava pronto quando terminou de colorir cada espaço completamente. Como foi dito acima, embora esse tipo de solução seja muito menos interessante do ponto de vista da expressão artística, ele reflete uma evolução do ponto de vista de planejamento e organização (cf. p. 85, figs. 2.17 e 2.18).

Mesmo assim, em alguns desenhos, como no do Super-Homem, inspirado numa gravura de revista, a maneira de colorir segmentos da figura lembra algo do estilo original tão encantador. Aquela seqüenciação rítmica de linhas, agora mais firmes, retas e controladas, remete à mesma Nadia.

Stephen Wiltshire

Conhecido mundialmente por seus lindos desenhos de construções arquitetônicas, Stephen Wiltshire é, certamente, o mais famoso dos artistas *savants*. Isso não apenas por causa da atenção que recebeu da mídia televisiva, como também pela qualidade de seu traçado. Se Gottfried Mind e James Henry Pullen se tornaram famosos (embora não necessariamente ricos) por influência da realeza, no caso de Wiltshire, a televisão foi o veículo de sua fama. Os tempos mudaram, e o poder está agora em outras mãos.

Embora tenha participado de vários estudos de natureza comparativa, incluindo o de Selfe (1983) e alguns de O'Connor e Hermelin, não há nenhum estudo de caso formal envolvendo Wiltshire. Pela natureza das pesquisas comparativas, os dados específicos sobre a produção do jovem artista diluíram-se nas informações gerais geradas nesses trabalhos, sendo impossível extrair dos resultados globais informações particulares referentes a seu caso.

Figura 2.19 - Desenho de Stephen Wiltshire.

Como é muito conhecido, ao menos no Reino Unido, razões éticas limitam as informações sobre a vida do jovem a um plano muito superficial. Elas podem ser encontradas nos textos que acompanham seus quatro livros de desenhos (Wiltshire 1987; 1989; 1991; 1993) e nos cinco documentários produzidos para divulgação no Reino Unido, na Austrália e nos Estados Unidos. Os pais vieram para a Inglaterra imigrando da ilha de Santa Lúcia (Antilhas). Embora a mãe, que já tinha uma filha de 2 anos, tenha se preocupado com o desenvolvimento de seu filho quando ainda bebê, profissionais de saúde lhe informaram que não havia nenhum problema com ele. No entanto, as dificuldades acentuaram-se à medida que ele crescia e, aos 3 anos, foi diagnosticado como autista. Nessa época, o pai morreu tragicamente num acidente de motocicleta. Com 4 anos, Stephen foi colocado na escola de Queensmill para crianças especiais.

A equipe profissional procurou contato com ele por intermédio do desenho e de gravuras e, após muitas tentativas, Stephen começou a responder tanto nas atividades de desenho como na interação social e no aprendizado escolar. Após 8 anos de trabalho, evoluiu no seu desempenho global: aprendeu a ler e escrever, a interagir socialmente, a comunicar-se verbalmente, embora ainda apresentasse déficit intelectual e distúrbios de linguagem, segundo os autores que apresentam seus desenhos no livro *Drawings*. Em Wiltshire (1991), aparecem depoimentos como o de Loraine Cole, diretora da escola freqüentada por Stephen desde os 4 anos, que descreve os comportamentos dele na época. Explica que ele apresentava os problemas típicos do autismo, como o desinteresse na utilização da linguagem, a falta de interação social, a ausência de noções de perigo e o desconhecimento do prazer de brincar. Também afirma que "não tolerava frustrações, nem mudanças na rotina ou no ambiente e respondia a todos com gritos desesperados e potentes. (...) e demonstrava pouca motivação para realizar qualquer atividade que não fosse o rabisco" (p. 56).

Hoje, o quadro está muito diferente. Sua linguagem se desenvolveu, ele aprendeu a ler e escrever, tornou-se independente em tarefas da vida diária e consegue se loçomover com autonomia na cidade de Londres, onde reside. Consegue enfrentar situações novas e quebras na rotina, o que antes era intolerável. Em geral, não inicia uma seqüência de interação verbal, mas aprendeu a responder apropriadamente. Cole diz que, agora, ele é "muito mais consciente das exigências sociais de que cada um contribua nas conversas e, embora isso muitas vezes tenha uma qualidade de listagem – países visitados, prédios que já desenhou ou detalhes elaborados sobre os velhos carros americanos –, não deixa de ser, à sua maneira, espontâneo" (p. 56). Além disso, seus interesses atuais são muito mais abrangentes: música (os últimos sucessos), computação gráfica, sua máquina fotográfica, patinação no gelo, entre outros.

Provavelmente, a produção gráfica de Stephen foi um dos fatores mais significativos no desenvolvimento da interação social, depois que fez viagens para Itália, Holanda, Rússia e Estados Unidos, o que o colocou em contato com pessoas interessadas no seu talento. Para os nossos propósitos, porém, é importante olhar com maior cuidado a evolução de seu desenho.

Os primeiros desenhos que chamaram a atenção dos profissionais de Queensmill eram caricaturas dos professores; no entanto, Stephen também desenhava animais, ônibus, carros e outros veículos. Mas, desde criança, seu interesse principal sempre foi a arquitetura. As pessoas que incluía nas cenas eram pouco mais do que homens-palito.

Segundo Chris Marris, seu professor de artes em Queensmill, Stephen ficava muito envolvido nas construções com peças Lego de montar quando pequeno. Passava horas nessa atividade, e podemos pensar a hipótese de que a manipulação direta dessas formas sólidas o auxiliou a compreender e futuramente a representar tão bem as relações espaciais em seus desenhos.

Figura 2.4 - O "Manequim Gigante" de Pullen e o projeto para sua execução.

Figura 2.6 - "Barcaça do Bem e do Mal".

Figura 2.10 - Paisagem da Escócia de Wawro (1993).

Figura 2.12 - Escultura em bronze de Clemens.

Figura 2.17 - Desenho recente de Nadia.

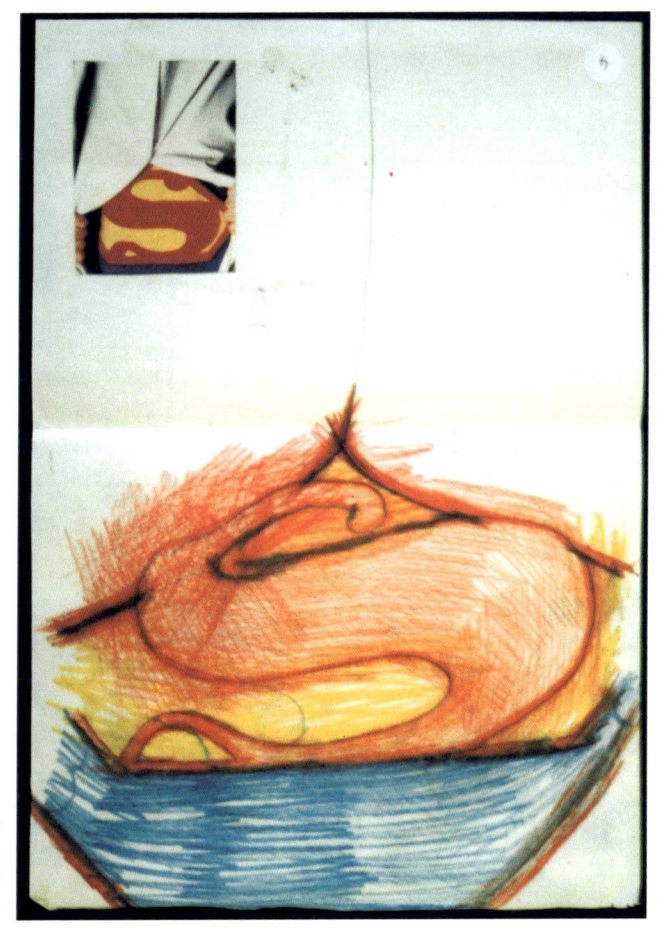

Figura 2.18 - Desenho de Super-homem, baseado em figura de revista.

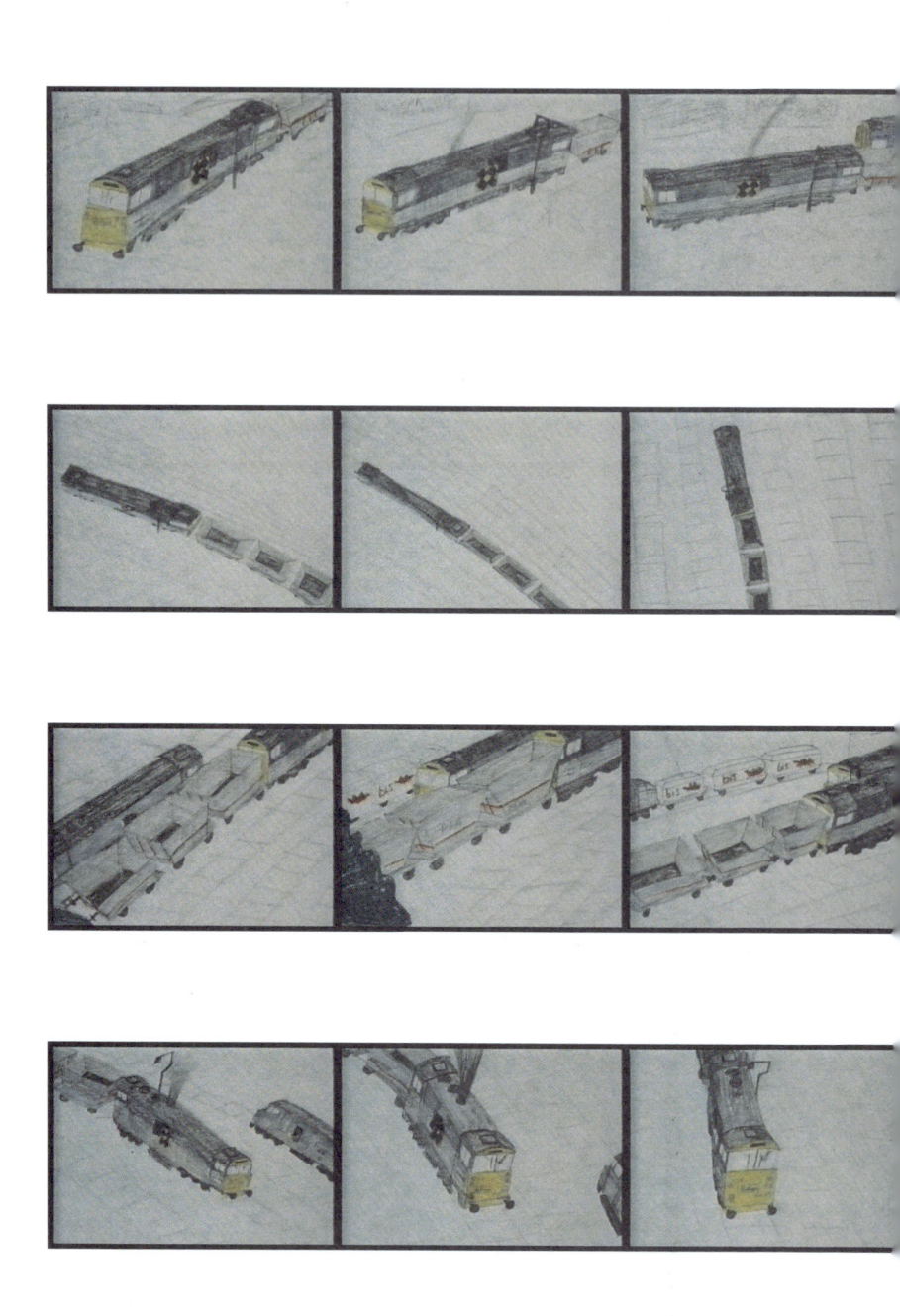

Figura 2.24 - Seqüência de desenhos de trens de Daniel para animação.

87

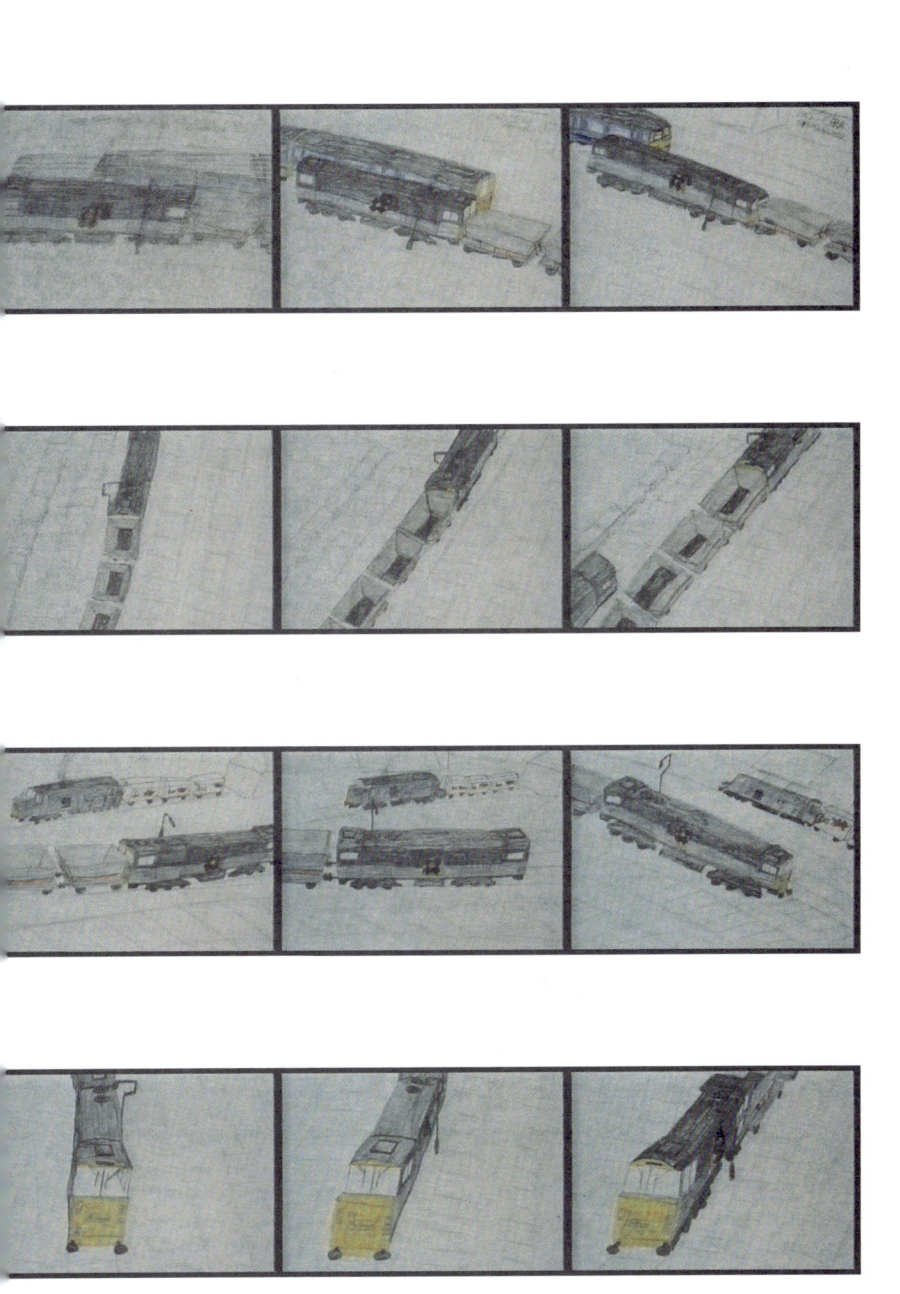

Figura 2.20 - Dois desenhos da catedral de Saint Paul.

Independentemente do autismo, Stephen Wiltshire tem sido elogiado pelos críticos de arte. Sir Hugh Casson, ex-presidente da Academia Real de Artes, afirma que seu desenho é "algo como o bordado. Desenha sem parar, como uma máquina de costura" (do documentário QED, da BBC1, *The boy who draws buildings*). Demonstra uma compreensão perfeita das inter-relações espaciais de formas de contorno reto e linear e desenha com realismo fotográfico cenas urbanas de qualquer ponto de vista (aéreo, frontal, de baixo para cima). No entanto, sua representação de formas orgânicas não alcança o mesmo nível de qualidade. Até hoje, seus desenhos de pessoas mais parecem caricaturas que retratos. Isso pode ser resultado do fato de seu interesse em determinada temática influenciar sua disponibilidade em despender energia para desenhá-la; pode também refletir dificuldades em compreender como representar formas amorfas ou de qualidade orgânica, do tipo que encontramos na natureza, ou pessoas e animais.

Com o apoio de várias pessoas, incluindo seu professor de artes e particularmente Margaret Hewson (a agente literária responsável por organizar a publicação de seus livros mais recentes), os métodos de produção artística de Stephen se ampliaram, tornando-se mais sofisticados. Quando criança, costumava observar um prédio durante cerca de 15 minutos e mais tarde o reproduzia de memória, sem perder os detalhes, com perfeito domínio de perspectiva (cf. p. 88, fig. 2.20). É interessante observar que, às vezes, o desenho resultava espelhado. Desde pequeno, quanto mais complexas as construções, tanto mais ele se envolvia no desafio de representá-las. Hoje, ele é encorajado a trabalhar de diferentes formas: desenho de observação; desenho baseado em fotografias ou maquetes; desenho imaginativo, inventando cenas urbanas ou compondo a partir de vários prédios conhecidos; e desenho de memória.

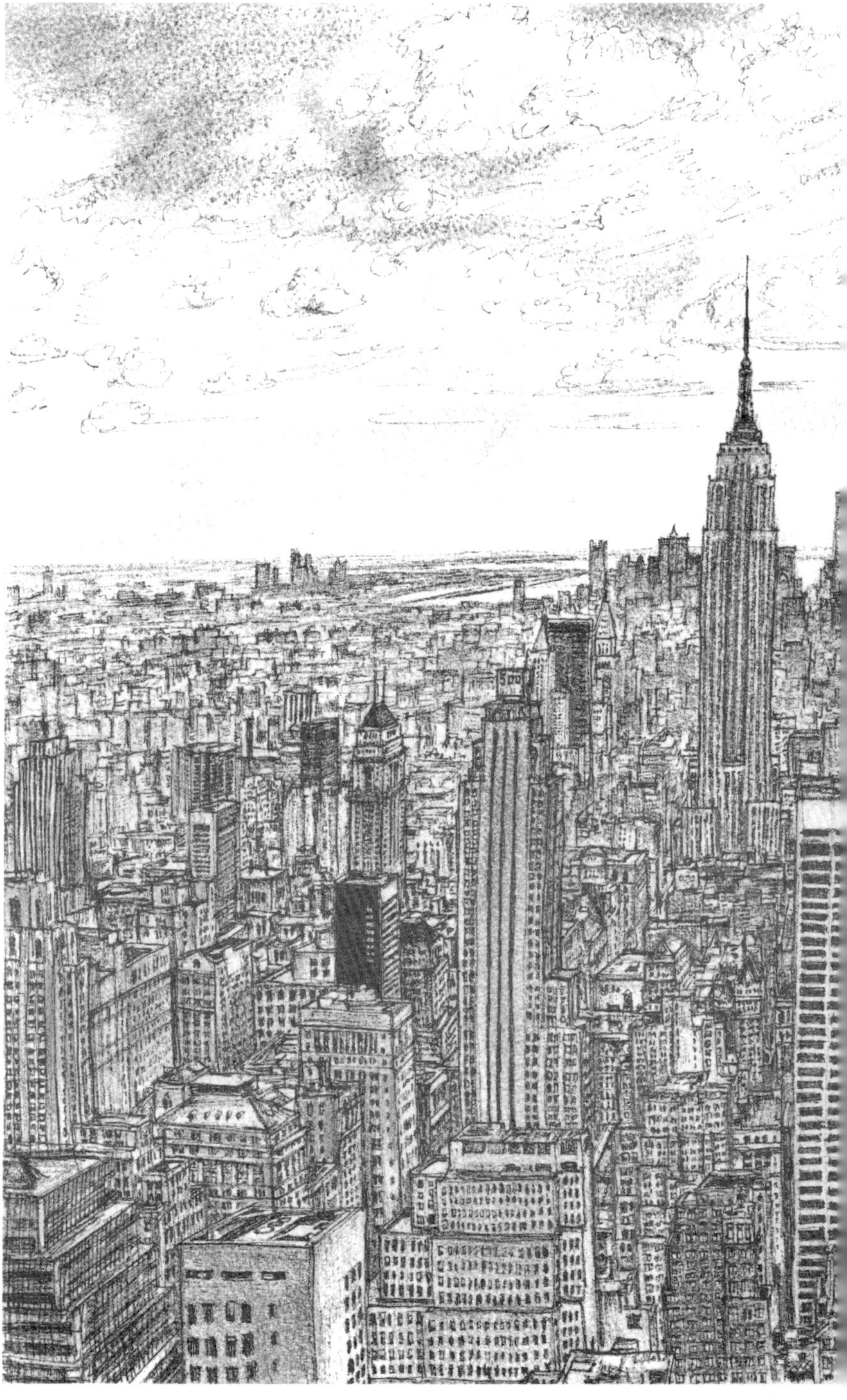

Figura 2.21 -
Vista de Nova York.

Os resultados refletem as diferenças de procedimentos. Embora exista a sugestão na literatura de que as habilidades *savants* apareçam repentina e espontaneamente, e não se desenvolvam mais em termos qualitativos (Thomas e Silk 1990), isso certamente não é válido no caso de Wiltshire. Pode-se perceber uma grande diferença entre um desenho realizado na infância e um desenho maduro da mesma construção. Além de evidências de desenvolvimento na área de controle motor fino, também é perceptível uma sofisticação no posicionamento cênico. Hewson afirma no documentário QED, da BBC1, que atualmente "a linha é muito mais segura, a articulação, muito maior, há uma confiança nos desenhos e se transmitem caráter e sensibilidade no desenho do prédio".

À medida que se depara com novos problemas, Wiltshire busca soluções. Um deles é o uso de cor. O artista sempre teve preferência por desenhar com caneta preta. Ao comparar seus desenhos coloridos com as figuras em preto e branco, percebe-se um resultado bastante infantil, já que ele aplica cor sobre o desenho pronto, como se estivesse simplesmente preenchendo o desenho de outra pessoa. O pigmento não contribui para definir volumes, profundidade, sugerir emoção ou criar texturas. Assim, Hewson tem proposto que Wiltshire trabalhe diretamente com a cor: um novo desafio para seu crescimento profissional.

Outro aspecto importante foi a facilidade com que, estimulado, adquiria conhecimentos sobre a história da arquitetura. Quando viajava, via os prédios de perto, desenhava-os, e era estimulado por Hewson, que assinalava os nomes e pedia que o menino observasse e comparasse, procurando simetrias e diferenças. Ela faz disso um jogo e testa-o nos nomes dos tipos de colunas e estilos históricos. A irmã de Stephen, Annette, artista gráfica, participa desse processo também, mostrando onde se posicionar melhor para desenhar um prédio de observação ou sugerindo detalhes que devem ser incluídos (em novo documentário da BBC, *Going live*). Stephen realmente não tem medo de complicações, como lembra Sir Hugh Casson. Também aprecia desafios, como vistas aéreas.

Ao examinar seus desenhos, pensamos logo no procedimento utilizado. Será que ele realiza um planejamento prévio? Infelizmente, esse aspecto não foi investigado a contento, embora haja algumas sugestões baseadas nas observações de Hewson. Ela diz que Wiltshire utiliza um sistema de "taquigrafia" que ele mesmo inventou quando está desenhando ao ar livre. Com marcas a lápis, delineia algumas relações espaciais críticas que o auxiliarão a terminar o desenho a caneta sobre a mesa, dentro de casa. Deve ser realmente difícil completar o desenho ao ar livre, no frio, já que uma foto que consta de um de seus livros de desenhos mostra que ele trabalha em condições precárias, utilizando uma cadeirinha de dobrar, um suporte instável, além de luvas na mão. Impossível manter uma posição tão desconfortável por várias horas seguidas.

A descrição de Hewson da elaboração do desenho do Palácio dos Doges ilumina um pouco a estratégia organizacional de Stephen:

> Diretamente na frente de seu campo de visão, ergue-se a coluna monolítica. Stephen inicia com isso e, então, com agilidade surpreendente, patina com três linhas nas duas direções, que imediatamente estabelecem a perspectiva do palácio. A florida decoração gótica é então preenchida em cada nível e a decoração em quatrofolhas é "rabiscada" sobre o trifório, enquanto ele ri para si mesmo. (Wiltshire 1991, pp. 24-25).

Sir Hugh Casson certamente tem razão quando afirma, em documentário para a BBC, que Wiltshire "não tem medo de complicação".

Quais são as perspectivas para o futuro? Wiltshire foi reconhecido como artista pelos seus próprios méritos. Uma evidência disso é a crítica de Demarco no *Prospect Quarterly Journal of Architecture*, da Escócia, em que fala de seu desenho sem nunca mencionar o autismo. Mais importante, ele tem atendido a encomendas profissionais de 800 a 1.000 libras para desenhos de projetos específicos de arquitetura.

Figura 2.22 - Desenho do Palácio dos Doges.

Stephen terminou a escola secundária, trabalhou durante um período numa doceria local, mas foi admitido há alguns meses num curso especial, na Associação de Arquitetura em Londres, o que já significa uma grande conquista. Ao mesmo tempo, começou a estudar música no Royal College of Music, de Londres, porque, há poucos anos, uma habilidade desconhecida aflorou nessa área. Ele tem ouvido absoluto e reconhece seqüências de acordes tocados no piano. Não há resultados ainda sobre esse trabalho.

Para garantir que, no futuro, possa tornar-se independente financeiramente e, assim, realizar seu sonho de se tornar arquiteto e desenhar os próprios prédios, foi organizado um fundo com a comissão sobre a venda de seus livros de desenhos. Como se vê, Wiltshire conta com profissionais que lhe oferecem suporte para que continue desenhando sistematicamente e, além disso, ajudam a administrar seus negócios. Assim, ele se encaminha para a atividade profissional, trabalhando não numa doceria, mas num ateliê.

Daniel

Entre os casos registrados de artistas *savants*, há algumas crianças cujo desenho é tão marcante que foram identificadas ainda na infância. Uma dessas crianças é Daniel, hoje com 18 anos. A história de vida desse menino diverge um pouco dos outros casos aqui descritos. Mesmo diagnosticado como autista aos 5 anos, nunca freqüentou escola especial; sempre conseguiu acompanhar as aulas na rede pública. Em 1993, freqüentava a sexta série do primeiro grau. Sua medida de Q.I foi acima de 130, o que, numa definição rígida, excluí-lo-ia da categoria de *savant*, já que um critério básico para o quadro é a deficiência mental. No entanto, como ele é incluído entre os *savants* autistas pesquisados pela equipe da Universidade de Londres, será incluído aqui, numa definição mais abrangente.

Daniel está entre uma parcela de 10% dos autistas considerados *high functioning* (alta função, bom desempenho), mas alguns autores têm preferido o diagnóstico de síndrome de Asperger para esse grupo (Frith 1993).

Figura 2.23 - Daniel aos 12 anos, desenhando trem.

Ele começou a desenhar figuras reconhecíveis quando era ainda muito pequeno. Tinha cerca de 2 anos quando fez seu primeiro desenho de postes de luz. Em seguida, começou a desenhar carros (Fuscas) e logo estabeleceu sua temática favorita (trens). A partir daí, aprimorou seus conhecimentos sobre o assunto com tanto empenho e obsessão que a vida de toda a família foi marcada pelo tema. O pai, em entrevista a Richard White (1992), explicou pensar que o trem se tornara importante para Daniel quando ele era pequeno. Na época, tinha uma perda auditiva, causada por um problema do ouvido médio, e o único som que ele percebia bem era o da passagem do trem, já que na época a família morava perto da ferrovia. Desenhou vários tipos de trem, aprendendo sobre cada tipo de máquina. Os desenhos eram detalhados, com representação de espaço bastante elaborada para a sua idade. Seguia um esquema que era bastante comum em seus desenhos: representava o trem como se viesse em direção à base da folha, em diagonal, da direita para a esquerda. Atrás, colocava enfileiradas algumas árvores, do tipo cipreste ou eucalipto, sem preocupação de dar-lhes volume. Daniel é destro, e utiliza uma preensão primitiva, em chave, quando atua inconscientemente.

Desenhos de Daniel foram aproveitados num documentário sobre autismo realizado há dois anos, produzido para uma série chamada *Disabling World* (Mundo Incapacitante) para o Canal 4, da Inglaterra. A originalidade do filme consiste no fato de ter sido relatado do ponto de vista de pessoas autistas ou com síndrome de Asperger. Como se sabe, a maior parte dos documentários aborda a deficiência do ponto de vista do médico, dos pais ou dos educadores, mas esse trabalho procura ouvir as próprias pessoas com autismo contarem sobre o autismo. O filme é ilustrado com desenhos realizados por autistas; a música de fundo é tocada por autistas e também há depoimentos verbais. Assim, o filme transmite algo da sensação de ver, ouvir, tocar e interagir no mundo quando se tem autismo.

Um dos artistas que contribuiu no filme foi Daniel, na época com 9 anos. Como os desenhos são animados – os trens andam em trilhos, ultrapassam outros trens –, Daniel contribuiu com mais de 200 desenhos em seqüência (cf. pp. 86-87, fig. 2.24).

Ao preparar a trilha sonora, o produtor precisou procurar o som correspondente a cada tipo de máquina que Daniel tinha desenhado, pois ele reconheceria cada som, e não aceitaria se não estivesse correto. Foi preciso pesquisar cada tipo de trem que aparecia desenhado no filme para selecionar o fundo musical correto.

Outras crianças e jovens participaram dos desenhos do filme, mas só tive oportunidade de conhecer Daniel. O que significou esse projeto para esses jovens? O pai de Daniel disse aos produtores que foi a primeira vez que Daniel demonstrou orgulhar-se de algo que tinha realizado. Foi muito valorizado na escola, e o pai teve oportunidade de utilizar o filme para orientar os professores de Daniel sobre autismo, para que eles pudessem ser mais tolerantes diante dos comportamentos estereotipados, da obsessão por determinadas temáticas, da dificuldade em acompanhar alguns trabalhos escolares. Atualmente, Daniel só está desenhando em casa. Mora numa cidade pequena, sem recursos culturais abertos para a comunidade. Um jovem que promete muito, mas necessita de suporte para evoluir como artista.

3
EXPLICAÇÕES E DESCRIÇÕES PARA O FENÔMENO *SAVANT* NA LITERATURA: PANORAMA HISTÓRICO

"Como você sabe que o dia 26 de março de 1980 foi numa quarta-feira?" Perguntar ao próprio deficiente como ele faz para saber as respostas a perguntas sobre datas ou sobre contas matemáticas foi uma das estratégias empregadas pelos pesquisadores para desvendar o mistério da memória fenomenal do *savant*. O método resultou em respostas intrigantes como: "Está na minha cabeça e eu consigo fazer... É fantástico que eu possa fazer isso" (Treffert 1990, p. 41); "Eu faço todo tipo de cálculo matemático, não faço?" (O'Connor 1989, p. 5). Apesar disso, porém, não acrescentou muito à investigação do fenômeno. Como método de pesquisa, mostrou-se ineficiente; seu valor limitou-se ao anedótico.

Mais do que qualquer outro cientista, Piaget contribuiu com uma teoria epistemológica, fornecendo dados sobre como a criança adquire conhecimentos e evolui nos seus processos de raciocínio. Entretanto, não fez isso perguntando diretamente a ela: "Como você pensa?". Obteve sucesso abordando o problema de forma indireta: colocou-a em contato com algo do interesse dela e lhe fez perguntas relacionadas a sua ação sobre o objeto. As respostas, ele as encontrou na relação da criança com o objeto, observando suas ações e ouvindo-a "pensar em voz alta".

O *savant*, assim como a criança, mostra-se inconsciente dos processos que utiliza para seus cálculos. Segundo O'Connor (1989), utiliza processos implícitos, e não explícitos, na realização de suas proezas. Faz cálculos relâmpagos, por exemplo, mas não tem consciência dos procedimentos empregados para operar no plano mental, com tantos números ao mesmo tempo. Talvez o método clínico de Piaget auxiliasse a desvendar os mecanismos dos *savants*.

No entanto, é preciso considerar as várias metodologias já aplicadas para compreender o fenômeno, sem nos esquecermos, porém, de que os cientistas selecionam seus métodos de investigação orientados não apenas pela pergunta que os motiva, mas também por seus preceitos sobre a natureza humana, que são, é claro, historicamente determinados.

Assim, no estudo dos *savants*, vemos que os autores que consideram serem as habilidades transmitidas por herança genética usam como método de pesquisa o levantamento de talentos e deficiências na família e nos antepassados do *savant* (Goddard 1914; Rife e Snyder 1931). Já os cientistas de linha behaviorista, pelo contrário, focalizam sua atenção no ambiente, no intuito de mostrar como os estímulos desencadeiam um comportamento, que passa a ser reforçado socialmente (Lindsley 1965; Morgan 1936; Morishima e Brown 1977). Autores que acreditam serem as habilidades extraordinárias do *savant* determinadas por fatores orgânicos propõem o exame do cérebro e de suas funções, utilizando o EEG, a pneumoencefalografia, a ressonância magnética, a tomografia computadorizada, o PET scan (tomografia de emissão de pósitrons) ou, como recurso final, a autópsia cerebral (Altshuler e Brebbia 1968; Steinkopff 1973; Presty *et al.* 1991; Treffert 1990), como instrumentos de investigação das desordens cerebrais. Autores da linha psicanalítica apóiam-se no estudo de caso (Jones 1926; Viscott 1970). Psicólogos de linha cognitivista propõem testagens de funções mentais (solução de problemas, estudo das funções de memória e de habilidades de linguagem etc.) (O'Connor e Hermelin 1987a; 1987b).

Como se vê, a ciência, seguindo uma variedade de abordagens metodológicas, tem avançado muito na *quantidade* de explicações para o enigma representado pela síndrome *savant*, embora muitos autores considerem que, por enquanto, nenhuma explicação consiga abarcar todos os casos (Duckett 1976; Wehmeyer 1992, entre outros).

Treffert (1990), em sua cuidadosa revisão da literatura, afirma, com um tanto de exagero, que existem tantas explicações para o fenômeno quanto autores que escreveram sobre o assunto. E, de fato, numa primeira análise, isso parece ser mesmo verdade: são tão diversas e tão numerosas as hipóteses sugeridas que se torna difícil extrair delas algum sentido coeso.

À medida que o olhar se debruça mais atentamente sobre os textos, no entanto, encontram-se, além de explicações: descrições das habilidades dos *savants*; análises dos processos utilizados por eles; e discussões teóricas sobre a natureza da inteligência. Dessa maneira, ao tentar explicar *como* os *savants* fazem o que fazem e sugerir possíveis causas para o fenômeno, muitos autores se preocuparam em descrever o comportamento ou estudar os processos utilizados pelo sujeito. Outros, porém, consideram que, se entendermos a inteligência de outra forma, o *savant* deixa de representar um enigma; isto é, um conceito mais abrangente de inteligência pode dar conta do fenômeno das habilidades extraordinárias do *savant*.

Para extrair algumas conclusões úteis sobre as contribuições dos pesquisadores, torna-se necessário organizar de alguma maneira as informações disponíveis, de tal forma que, dado seu grande número, seja possível observá-las criticamente. Uma dessas maneiras é agrupar os estudos segundo as hipóteses propostas. Assim procederam Treffert (1988; 1990), Hill (1978) e Wehmeyer (1992), entre outros, discutindo as teorias mais freqüentes: uso de memória automática (*rote memory*), uso de memória eidética, uso de pensamento concreto, disfunções cerebrais, privação sensorial etc. Em vez de repetir tal estratégia, porém, optamos por analisar as teorias propostas de uma perspectiva histórica. A vantagem desse procedimento é a de esclarecer ao leitor a contribuição dos autores ao longo do tempo. Isso nos permitirá ver que germes de idéias, que atualmente nos parecem simplistas, imprecisas demais para serem úteis, continuam presentes de maneira subjacente em descrições mais cuidadosas, com hipóteses elaboradas de forma muito mais complexa.

Assim, no que se segue, as teorias explicativas, as descrições de processos e as teorias sobre a natureza da inteligência foram organizadas por autores e conjuntos de autores, em ordem cronológica de data de publicação. No entanto, cabe lembrar que o valor das contribuições de cada autor não pode ser considerado equivalente, já que alguns escreveram um pequeno artigo, ao passo que outros dedicaram anos de trabalho e de pesquisa à tentativa de desvendar o mistério do *savant*. Alguns textos refletem apenas opiniões pessoais, ao passo que outros são fruto de extensos estudos. Alguns autores trabalharam diretamente com sujeitos *savants* e outros teceram suas teses baseados em experiências de terceiros.

As teorias e/ou descrições foram agrupadas em quatro blocos de tempo relativamente arbitrários, em razão do número de autores. Observe-se que houve períodos em que a questão do *savant* foi pouco abordada e outros muito férteis em pesquisas. Definimos os seguintes períodos: até 1929; 1930 a 1959; 1960 a 1979; 1980 até o presente.

É preciso lembrar, porém, que, para permitir ao leitor visualizar globalmente as múltiplas teorias que se desdobraram no decorrer dos anos, foi preciso resumi-las em breves títulos que nem sempre fazem justiça à complexidade das hipóteses propostas. Logo a seguir serão traçadas as principais questões relacionadas a essas várias teorias, buscando-se diferenciar e comparar as várias explicações e/ou descrições do fenômeno *savant*.

Num relance de olhos, percebe-se imediatamente o incremento numérico de teorias/descrições que se acumularam no decorrer do tempo. Faremos inicialmente uma análise em sentido vertical, apontando as novas teorias que surgiram e ganharam força em determinadas épocas, enquanto outros enfoques perderam adeptos e sua importância se diluiu. Em seguida, discutiremos as teorias num plano horizontal, mostrando como determinados argumentos se tornaram complexos, à medida que os termos foram definidos e utilizados com critérios mais claros e precisos.

	ATÉ 1929	1930 A 1959
Sem explicação	Platter, Seguin, Down, Binet, Witzmann, Parker, Byrd, Heyer e Semelaigne.	Podolsky, Owens e Grimm.
Idiot savant = doente mental perspectiva orgânica	Goddard, Pintner.	
• lesão cerebral	Barr, Sano	
• lateralização de funções cerebrais Habilidade independente de Q.I.	Ireland, Minogue.	
Linha psicanalítica • mecanismo de compensação		Brill, Scheerer e outros.
Linha behaviorista • privação sensorial/treino • reforço positivo	Tredgold	Morgan, Williams
Memória • memória visual • memória eidética • memória superior • memória automática		Stern e Maire Roberts
Concentração intensa		
Habilidade produzida pela deficiência		
Deficiência na consciência somática		
Modelo de informática		
Sistema regido por regra		
Interação de hiperatividade sensorial, fatores orgânicos e do ambiente		Sarason e Gladwin.

ATÉ 1960 A 1979	1980 A 1994
Sellin, Duckett, La Fontaine, Forrest	Yewchuk, McMullen, Bergman e DePue, Obtsuka e outros
Altshuler e Brebbia, Critchley, Steinkopff.	Treffert, Rimland e Fein, Ichiba, Cobrinik, Sacks, Patt e Lupinetti.
	Burling III e outros, Selfe.
	Wehemeyer, Howe e Smith, Lewis, Gardner, O'Connor e Hermelin, Sloboda, Pring.
Nurcombe e Parker, Viscott, Horwitz e outros.	Goldsmith e Feldman.
La Fontaine e Benjamin, Hoffman, Lindsley, Morishima e Brown, Hoffman e Reeves.	
Anastasi e Levee.	
	Kehrer, Stevens e Moffitt.
Horwitz e outros, Spitz e outros.	Ho e outros, Hurst e Mulhall.
Hill, Rimland.	
Rubin e Monaghan. Lindsley, Nurcombe, Cobrinik.	Dieci e Guarnieri.
Goodman.	
	Norris, White.
	Miller, Rosen.

Uma análise vertical

Período 1 (até 1929)

No período pioneiro, os autores preocuparam-se, principalmente, em registrar casos e estabelecer critérios diferenciais para diagnósticos (no caso da diferenciação entre doença mental e deficiência mental, principalmente). Segundo James (1991), a primeira menção, ainda muito superficial, de habilidades excepcionais em pessoas deficientes é a de Platter, no livro *Praxeos Medicae*, escrito por volta de 1603:

> Mas outros em quem alguma marca de tolice foi carimbada ao nascimento ou depois, mesmo que mostrem desempenho apropriado em todas as outras atividades da vida, e em algumas até se destaquem nas artes como a pintura, a escultura, a arquitetura ou a música, ainda assim se traem em sua tolice, por gostarem de ser elogiados pelo jeito de ser e por fazer coisas bobas. Por causa disso, grandes homens muitas vezes se divertem com seu comportamento. Devido aos diversos fantasmas que se lhes ocorrem, são chamados de fantásticos. (pp. 104-105)[1]

Passaram-se mais de 200 anos antes de o fenômeno ser assinalado novamente. Autores posteriores, como Seguin (1866) e Down (1887), Binet (1894), Parker (1917), Byrd (1920) e Heuyer e Semelaigne (1921), apontaram alguns casos, mas não arrisca-

---

1. Segue o texto em inglês, tradução de Diethelm e Heffernan (1965), capítulo III "On mental alienation", do livro *Praxeos Medicae*: "But others on whom some mark of foolishness has been stamped from birth or afterwards, even if they perform all the other activities of life, and in some of them even prove outstanding in some art such as painting, sculpting, architecture, or music, still betray their foolishness by their love of having themselves praised and their description and performance of ridiculous things. For that reason great men often take delight in their behaviour. Because of the diverse phantasms occuring to them they are called fantastic" (p.13).

ram uma opinião sobre possíveis causas. Alguns se motivaram a discutir os *savants* na tentativa de estabelecer critérios úteis para diferenciar "loucos" de "débeis mentais", como constata Goddard, em 1914, numa época em que as instituições começavam a oferecer atendimento separado para esses dois grupos. Goddard cita o caso de um jovem artista residente numa instituição para deficientes mentais nos Estados Unidos. Aos 19 anos, apresentava mentalidade de 8 anos de idade. A causa da internação fora: "masturbação"[!]. O autor afirma que o caso ilustra a dificuldade de discriminar entre "loucura" e "debilidade mental". Considera que os "*idiots savants* não são provavelmente casos de debilidade mental, mas de demência *praecox*, ou outras formas de insanidade" (p. 465). No caso estudado, diz que não há debilidade mental na família, mas, se fosse realizada uma investigação a fundo, certamente se encontraria a demência, pois há insanidade nos ancestrais: "alcoolismo, imoralidade sexual e doença cerebral, 'paralisia'" (p. 465). Pintner (1924), com a mesma preocupação, afirma: "Suspeita-se de que muitos casos não eram tecnicamente débeis mentais, sendo ao contrário tipos psicopatas ou levemente insanos, como os que se encontram na maior parte da instituições para os débeis mentais" (p. 190).

Não é de se estranhar, dada a realidade da atuação médica no atendimento ao deficiente nos primórdios da educação especial, que as teorias mais citadas reflitam uma visão organicista do ser humano. Barr (1898) e Sano (1918), por exemplo, acreditam que a explicação das habilidades do *savant* se encontra no cérebro. Barr não tem dúvidas de que uma autópsia do cérebro de seu sujeito evidenciaria uma lesão responsável por "uma condição afetada da região motora" (p. 30). Sano, que teve a oportunidade de realizar autópsia de um *savant*, confirmou que, diante da condição patológica da maior parte do cérebro, em contraste com uma outra área bem desenvolvida (lóbulos occipitais e corpo caloso), "ele necessariamente teria uma capacidade especial na esfera visual de sua existência mental" (p. 267).

Outra explicação será oferecida pela psicanálise, que começa a ganhar *status* de ciência no início do século XX. Jones (1926) é o primeiro autor a discutir o *savant* numa abordagem psicanalítica. Sua avaliação do sujeito de seu estudo reflete uma visão freudiana: "Os aspectos salientes do caso são: (1) inferioridade gonodal; constituição eunucóide; (2) inferioridade intelectual e social; (3) memorização extraordinária como mecanismo para (a) ajustamento compensatório direto e (b) identificação materna" (p. 376).

Tal abordagem ganhará adeptos nas décadas seguintes, e vários autores representativos dessa linha de tratamento publicarão estudos de casos de *savants* – alguns, como o de Viscott (1970), mostrar-se-ão particularmente significativos. Em razão do fato de a psicanálise originar-se no campo da medicina, os autores dessa abordagem freqüentemente trazem associadas a suas explicações a idéia de que as habilidades são geneticamente transmitidas.

Outra teoria, a da privação sensorial, associada ao treinamento numa única área de habilidade, também é proposta nesse primeiro período. Pode ser considerada precursora das teorias comportamentais, que atribuem ao ambiente as causas do fenômeno. Dois autores representativos são Tredgold (1914) e posteriormente Morgan (1936), ambos refletindo sobre James Henry Pullen, que, tendo sofrido privação sensorial por causa da surdez, isolou-se do meio, fator que teria promovido seu desenvolvimento unilateral.

Já Minogue (1923) e Ireland (1898) podem ser considerados representativos da teoria que propõe que a inteligência é independente do talento. Ireland sugere o raciocínio seguinte:

Quando se considera que homens de genialidade especial às vezes se mostram atrasados em qualidades muito ordinárias – e disso, Mozart é um exemplo marcante – não será, de forma alguma, surpreendente que alguns imbecis, em comparação com outros, tornem-se notáveis por alguma propensão ou talento especial. (p. 346)

Período 2 (1930 a 1959)

Três grandes famílias teóricas apresentam-se no segundo período: a teoria da herança genética; a teoria behaviorista; a teoria da memória eidética. As duas primeiras podem ser consideradas teorias *causais* do fenômeno, ao passo que a última representa uma *descrição do processo* envolvido.

Os autores que acreditam que tanto as habilidades quanto as deficiências estão determinadas nos cromossomos não encontram nenhuma dificuldade em aceitar o fenômeno *savant*, já que qualquer pessoa pode herdar tanto genes "bons" quanto genes "ruins". Rife e Snyder (1931), por exemplo, reafirmam a importância da herança genética e contestam a proposição dos behavioristas, para quem "qualquer criança normal e saudável pode ser moldada em qualquer padrão desejável: artista ou músico, reclusa ou celebridade social, covarde ou herói, boba ou sábia" (p. 547). Para esses defensores da herança genética:

(...) as habilidades especiais podem se desenvolver na presença da debilidade mental, até mesmo da idiotia, mesmo na ausência de treinamento ou instrução. Em apoio a isso, há o fato de que, quando tais habilidades especiais ocorrem, parecem dever-se incontestavelmente à hereditariedade, já que aparecem com freqüência em parentes dos pacientes. (p. 558)

Verifica-se, nesse exemplo, o processo de intercâmbio dialógico contínuo entre pesquisadores, no qual autores publicam seus argumentos com o objetivo explícito de contestar teorias anteriores. Essa dinâmica é evidente na discussão denominada *nature/nurture* (habilidades herdadas *versus* habilidades adquiridas); também se desencadeou na publicação dos textos que argumentam que a memória eidética[2] é o fator responsável pelas habilidades dos *savants* – particularmente dos peritos do calendário.

A teoria do uso da memória eidética ganhou peso nesse segundo período. Roberts (1945) justifica-a diante do fato de que a memória eidética mostra-se presente na infância, mas raramente é encontrada em adultos. Sugere:

(...) é possível que esse traço retroceda com o processo da maturação por causa de uma abundância de imagens visuais e da aquisição de outros meios de retenção (linguagem, principalmente), bem como de possíveis mudanças bioquímicas. Esse paciente, limitado tanto no número de experiências visuais como na aquisição de linguagem, pode ter retido a memória eidética[2] (*eidetic imagery*) até a vida adulta, em virtude do uso contínuo e em função de sua utilidade para ele. (p. 265)

Outros autores enfatizam o papel de outros tipos de memória que não a eidética. É o caso de Stern e Maire (1937), quando afirmam, sem nenhum aprofundamento, que seu sujeito utilizava-se da memória visual (mas não da memória eidética) no seu extraordinário desempenho artístico.

Podolsky (1953) escreve sobre o assunto numa enciclopédia de "aberrações", citando casos variados; seu objetivo nesse compêndio não é o de buscar explicações. Ao finalizar a seção

---

2. Memória eidética, também chamada de memória fotográfica, refere-se à imagem visual de um estímulo que foi visto e que permanece na memória por mais alguns instantes, mesmo na ausência do estímulo, até se apagar por completo. Entre autores que estudaram a memória eidética, incluem-se Haber e Haber (1988), Wolfe (1988), Giray e Barclay (1977), Gray e Gummerman (1975), Siipola e Hayden (1965) e Paivio (1971).

denominada de *moronic geniuses* (termo para o qual "gênios débeis mentais" não representa uma tradução muito fiel), afirma que, até então, não há explicações para o fenômeno e acrescenta: "É possível que uma parte do cérebro se desenvolva em extensão e grau, em prejuízo de todas as outras partes que permanecem em estado rudimentar?" (p. 341). Como ele, Owens e Grimm (1941) não propõem uma explicação, apenas registram um caso.

Com a possibilidade cada vez maior de troca de informações entre os autores, pela divulgação das publicações, os pesquisadores começam a compor uma visão mais global do fenômeno, utilizando-se de argumentos de diferentes fontes. Alguns autores, destacando-se Sarason e Gladwin (1958), passam a considerar a interação de múltiplos fatores como responsáveis pelo fenômeno das habilidades extraordinárias do *savant*. Ponderam que fatores orgânicos e ambientais interagem com a hiperatividade sensorial, permitindo o desenvolvimento de habilidades especiais no *savant*.

Autores da linha psicanalítica, como Brill (1940) e Scheerer, Rothmann e Goldstein (1945), também consideram múltiplos fatores, baseando suas explicações sobre aspectos ontogenéticos, além de fatores dinâmicos, complementados por uma análise do pensamento de natureza *concreta* e não abstrata. Ambos os artigos abordam casos de cálculo matemático. Scheerer, Rothmann e Goldstein concluem que "a função menos prejudicada torna-se um mecanismo de adaptação, mas, como pode operar apenas no nível das reações concretas, fica canalizada em formas atípicas de expressão" (p. 62).

Período 3 (1960 a 1979)

Este período reflete a rearticulação de várias teorias, que, aliás, já se iniciara no período anterior, com Sarason e Gladwin. Diversos textos começam a sugerir que nenhuma hipótese pode dar conta de todos os casos observados (La Fontaine 1974; Duckett 1976 e 1977; Sellin 1979), e consideram que a origem do fenômeno está na interação de múltiplos fatores. Forrest (1969) registra apenas um caso, sem maiores pretensões teóricas.

Além disso, esse momento marca o fortalecimento de duas frentes: a linha behaviorista, cada vez mais presente na educação especial, e os estudos sobre a memória. O enfoque psicanalítico se mantém numa linha de estudos bastante distanciada do tipo de discussão presente entre os autores de linha comportamental. É interessante notar que estes últimos, que tomavam emprestada dos psicanalistas a metodologia (estudo de caso), começam a buscar métodos mais objetivos, compatíveis com seus preceitos, para comprovar seus argumentos: a psicometria, a medida de quantidade de itens lembrados, a medida do tempo que o *savant* leva para realizar um cálculo matemático, o estudo quantitativo e/ou comparativo de *savants* (La Fontaine 1974; Duckett 1976; Hill 1977). Aparecem também os primeiros resultados de eletroencefalografias de pacientes *savants* (Altshuler e Brebbia 1968) e mais uma autópsia (Steinkopff 1973).

A disseminação da psicometria aplicada a populações escolares e a populações institucionalizadas de deficientes mentais marca esse período; a testagem de Q.I. torna-se um procedimento de rotina na escola especial. Assim, à medida que os estudos se apóiam cada vez mais em modelos comportamentais, deixam de aparecer na literatura críticas como a de Rothstein (1942) sobre a falta de cientificidade dos estudos anteriores, por falta de dados psicométricos, para a identificação objetiva dos *savants*.

Outras explicações são dadas por expoentes dos preceitos behavioristas; uma delas é a de que o fenômeno *savant* tem sua origem na própria deficiência. Lindsley (1965) é um dos autores que argumenta em favor dessa idéia: sugere que, havendo menor competição de outros comportamentos, os estímulos são mais reforçadores e a hipersensibilidade dos sentidos restantes provoca uma especialização precoce; assim, há menor número de comportamentos a serem extintos.

Nessa mesma linha, Morishima e Brown (1976) reafirmam a teoria de La Fontaine e Benjamin (1971) de que "um estreitamento dos estímulos leva a um afunilamento da resposta e assim intensifica essa resposta" (p. 46). Em artigo posterior, La Fontaine (1974) acrescenta que os *savants* apresentam um padrão idiossincrático de função intelectual. Outros autores que endossam explicações na linha comportamental são: Hoffman (1971), Hoffman e Reeves (1979), Horwitz, Kestenbaum, Person e Jarvik (1965) e Horwitz, Deming e Winter (1969).

Rimland (1978) desenvolve a idéia da concentração intensa. No seu entender, o fenômeno pode se dever a desordens do mecanismo de atenção (possivelmente do tronco cerebral e do lóbulo temporal esquerdo) ou a componentes familiares. Hill (1975) também considera que a concentração intensa é um fator preponderante, aliado à memória de tipo automática.

Lembremo-nos de que não são somente os behavioristas que consideram ser automática a memória do *savant*. Também entre autores da linha psicanalítica aparecem descrições da memória *automática*, não criativa, dos *savants*. Isso ocorria justamente numa época em que a teoria da criatividade estava sendo elaborada, discutida e divulgada, por meio de pesquisas como as de Torrance (1963). Assim, no texto de Horwitz, Deming e Winter (1969), autores que se apoiaram numa abordagem analítica, encontramos um exemplo que lembra o pensamento de behavioristas:

> O fato de os meninos conseguirem desempenhar proezas de memória pode não ser surpreendente em vista do fato de que dedicaram seu tempo exclusivamente a nada além disso desde os 9 anos (...). Seus interesses eram necessariamente circunscritos e sua única ambição, dia após dia, tem sido direcionada para o calendá-

rio. Pode-se comentar que essa proeza de memória não é criativa, mas automática (*rote*). (p. 162)

Ao descrever os processos utilizados pelos *savants*, tanto autores de abordagem psicanalítica quanto de linha comportamental citam a ausência da abstração. Consideram que sua função mental se caracteriza por um pensamento bastante concreto. Apesar de termos como "pensamento concreto" e "pensamento abstrato" lembrarem a teoria de Piaget, não se trata absolutamente de uma referência à teoria construtivista. Pelo contrário, Piaget é mencionado raríssimas vezes nos artigos sobre os *savants*. A crítica à falta de abstração nos *savants* tem origem nos autores psicanalíticos, disseminando-se posteriormente. Nesse período, dois estudos são representativos desse enfoque.

Por um lado, Anastasi e Levee (1960) mencionam diversas explicações que consideram viáveis para explicar o talento musical e a memória para textos escritos do sujeito de seu estudo (memória eidética, treino musical, lesões cerebrais), mas concluem:

> (...) é provável que deficiência na abstração resultante de lesão cerebral precoce, sensibilidade auditiva superior e outras características relacionadas ao talento musical, além do clima afetivo do lar, fossem ao menos três entre os fatores independentes que interagiam para produzir o resultado observado. (p. 702)

Por outro, nota-se, no texto de Nurcombe e Parker (1963), autores de linha analítica, um exemplo que mais parece uma abordagem behaviorista: "O pensamento concreto pode se manifestar de várias maneiras, mas é mais comum na habilidade de memorização automática ou sensório-motora para o cálculo numérico e a melodia" (p. 739).

Às vezes, aparece na literatura uma teoria isolada. É o caso de Goodman (1972), que, estudando um caso portador de síndrome de Down,[3] propõe, muito superficialmente, que o fenômeno é o resultado de *deficiências na consciência somática*.

Também se apresenta nos autores Silberberg e Silberberg (1967; 1968) uma teoria que ganhará força no período seguinte: habilidades podem se desenvolver de forma independente da inteligência "g".

Período 4 (de 1980 até 1995)

Requer menção aqui o fato de os anos 80 acenarem com uma nova maneira de o assunto *savant* ser divulgado. Trata-se do gênero "romance científico", exemplificado em livros como *Mente e memória*, de Luria (1999); *O homem que confundiu sua mulher com um chapéu*, de Oliver Sacks (1988); *Um antropólogo em Marte*, de Sacks (1996); *O cérebro*, de Meccacci (1987); *The shattered mind* (A mente estilhaçada), de Howard Gardner (1976); *Extraordinary people* (Pessoas extraordinárias), de Darrold Treffert (1990); *Fragments of genius* (Fragmentos de genialidade), de Howe (1991); *Musical savants* (Os *savants* da música), de Leon Miller (1989), entre outros. São livros interessantes, que aproximam o público leigo de assuntos neurológicos numa linguagem compreensível.

No jornalismo e na literatura de consumo popular, o tema também ganhou espaço. A história de Leslie Lemke, um músico *savant*, cego desde a infância, foi relatada pela jornalista Monty, no livro *May's boy*; o caso de Alonzo Clemens (ver capítulo 2) foi publicado na revista *Seleções*, em 1982; em dezembro de 1993, Oliver Sacks apresentou a história de Temple Grandin (uma autista "recuperada"), numa revista de largo alcance nos Estados Unidos, a *New Yorker*.[4] Segundo afirmam Rimland e Hill (1983), a temática

---
3. São raros os casos de *savants* portadores de síndrome de Down, provavelmente em virtude do comprometimento difuso que o cromossomo extra provoca no potencial cognitivo desse grupo.
4. Esse ensaio foi publicado posteriormente no livro *Um antropólogo em Marte*, lançado no Brasil pela Companhia das Letras, em 1996.

dos *savants* é um filão: eles são assediados pela mídia, que busca pessoas deficientes com habilidades extraordinárias para que sejam exibidas nos meios de comunicação. Em anos bastante recentes, vários *savants* ganharam até mesmo *sites* na Internet.

Os artigos de revistas científicas publicados nesse período refletem importantes avanços da linha cognitivista, da pesquisa neuropsicológica e das investigações sobre a função cerebral, além dos estudos na área do autismo. Por outro lado, publicam-se poucos textos de autores de abordagem psicanalítica.

A questão mais importante parece ser o desaparecimento do debate acirrado entre os proponentes radicais da teoria da herança genética *versus* os da aquisição de habilidades por aprendizagem no meio social, já que cientistas de ambas as facções agora admitem a importância tanto dos fatores biológicos quanto dos fatores ambientais na formação de habilidades especiais.

Além disso, e diretamente influenciado pelos conhecimentos acumulados na informática, aparece um novo modelo, que se propõe a auxiliar na compreensão da memória e da função cognitiva, a partir da suposta analogia entre a mente e o processamento de dados do computador. Alguns autores criaram analogias entre a função mental e o arquivo do computador, que consegue armazenar uma quantidade enorme de informações diversas e dissociadas, com eficiência e com localização e extração (achar a resposta certa) quando solicitado (White 1988; Norris 1990; Matthyse e Greenberg 1988). Na tradição dialética, essa perspectiva baseada no modelo de informática é contestada por autores como Goldsmith e Feldman (1988).

Embora autores como Yewchuk (1988; 1990), Bergman e DePue (1986) e Ohtsuka e outros (1991) não tenham se preocupado em buscar explicações sobre o fenômeno do *savant*, aumenta o número de artigos sugerindo que nenhuma é suficientemente ampla para abarcar todos os casos; consideram que o enigma ainda permanece sem resolução satisfatória.

Note-se, a esse respeito, que a questão central é justamente a discussão teórica sobre o conceito da inteligência, que passa a segundo plano na busca de causas para o fenômeno *savant*, privilegiando-se a procura de respostas nas nossas próprias concepções sobre talento, deficiência e inteligência (Lewis 1985; Sloboda 1990).

Para autores como Howe, Gardner, O'Connor e Hermelin, o fato de o *savant* representar um enigma indica que a teoria da inteligência subjacente é a de considerá-la fator geral e necessário para o desempenho de qualquer uma de nossas habilidades. Nesse sentido, encontrar habilidades extraordinárias em pessoas denominadas "não-inteligentes" representa um conflito cognitivo, já que, se a inteligência é a responsável por tais capacidades, seria impossível que alguém com pouca inteligência as tivesse. Howe (1989) explica claramente esse raciocínio:

> A inteligência é amplamente entendida como a fonte de capacidades mentais e habilidades. É compreendida como possuidora de uma unidade funcional que permite diferentes habilidades trabalharem em conjunto. O conhecimento da natureza da inteligência humana é entendido como uma chave essencial na compreensão de habilidades em particular, que, de acordo com esse tipo de relato, são restritas pelo nível geral de inteligência da pessoa e, até certo ponto, controladas por ele. Assim, parece haver fundamento para acreditar que uma estratégia efetiva para descobrir as origens das realizações superiores é a da exploração da natureza e origens da inteligência humana. (p. 198)

Diferentemente desse conceito de inteligência, porém, Howe (1991) entende que as habilidades humanas operam com um grau de autonomia e independência muito maiores do que se supõe na visão leiga. Considera que se mostrou um tanto quanto mítica "a visão predominante de que capacidades intelectuais específicas são regidas e permeadas por um nível geral de habilidades ou inteligência" (p. 168). Ora, quando se aceita a existência de considerável autonomia entre as diversas capacidades humanas, o fenômeno *savant* deixa de representar um enigma, já que passa a ser compreensível uma pessoa desenvolver uma habilidade num alto nível, enquanto seu desempenho em outras áreas é medíocre.

No seu conjunto, tanto Howe quanto Gardner, O'Connor e Hermelin contestam a idéia da existência da inteligência "g", propagada por Spearman (1927), segundo a qual uma inteligência geral permeia as ações do indivíduo no conjunto de suas capacidades e pode ser medida nos testes de Q.I. No entanto, os autores acima não concordam entre si sobre as alternativas teóricas para essa idéia. Gardner (1983; 1993) advoga uma teoria chamada de "inteligências múltiplas" e considera o ambiente sociocultural fator preponderante no desenvolvimento delas. Para Fodor (1983), porém, haveria a "modularidade da mente". Yamada (1990), autora de um estudo de caso de uma jovem deficiente mental que poderia ser incluída como *savant* lingüista, apóia-se nessa teoria e considera que os dados de seu estudo dão apoio à "tendência recente em direção a um modelo integrado de aquisição de linguagem, que envolve numerosos sistemas cognitivos, o ambiente sociointerativo e a percepção, mas também postula fatores inatos, específicos da linguagem. (...) O caso de Laura [sujeito de seu estudo de caso] mostra que a linguagem pode *se desenvolver* sem o apoio pleno de outros sistemas cognitivos" (p.117).

O'Connor e Hermelin realizaram uma série de estudos com *savants* de várias áreas: cálculo matemático (Hermelin e O'Connor 1986b), cálculo do calendário (Hermelin e O'Connor 1986a; O'Connor e Hermelin 1984; O'Connor e Hermelin 1992), artistas autistas (O'Connor e Hermelin 1987a, 1987b, 1990; Hermelin e O'Connor 1990a; Hermelin, Pring e Heavy 1994), músicos (Hermelin, O'Connor e Lee 1987; Hermelin *et al.* 1989) e lingüistas

(O'Connor e Hermelin 1991a). Consideram que os resultados de seus vários estudos apontam para o fato de que as habilidades são ao menos parcialmente *independentes* da inteligência. Nos artigos mais recentes, utilizam o termo de *domain-specific abilities* (habilidades de campo específico), argumentando que o bom desempenho se mostra restrito ao campo de domínio selecionado pelo *savant*. Afirmam que sua teoria é distinta da idéia das múltiplas inteligências de Gardner.

Essa discussão sobre a natureza da inteligência prossegue na dialética entre autores – tema complexo que mereceria um capítulo à parte, que nos distanciaria muito de nossos propósitos originais. Cabe apenas ressaltar que, tendo resolvido para si a contradição imposta pelo modelo de inteligência "g", os autores citados puderam, então, investir seus esforços na investigação dos procedimentos utilizados pelos *savants*, avançando, mais do que em qualquer outro período, na descrição de tais procedimentos. Trabalhando independentemente, contestaram o mito de que o *savant* realiza seu desempenho de forma desprovida de abstração e baseado numa memória puramente automática. Rosen (1981), Miller (1989, 1987a, 1987b), Howe e Smith (1988), Smith e Howe (1985), Ho, Tsang e Ho (1991), Stevens e Moffitt (1988) e O'Connor e Hermelin (1987a, 1987b, 1988, 1991b) mostraram que os *savants* se apóiam em regras e organizam o material por meio de estratégias. Além disso, apresentaram dados para provar que seus sujeitos são capazes de iniciativa, imaginação e criatividade, ao contrário do que escreveram os autores das décadas anteriores.

Desde os anos 70, alguns pesquisadores que estudavam os *savants* começaram a reclamar das limitações da pesquisa baseada na tradição psicométrica e nos modelos positivistas de investigação. Nas conclusões de sua tese de doutorado, La Fontaine (1974) assinala algumas direções para pesquisas futuras e sugere uma abordagem mais processual, que observasse o comportamento de forma mais dinâmica, e não se restringisse a um relato frio e distante. Propõe uma "observação participante", no modelo discutido pelos sociólogos: "O processo incluiria o papel do investigador em relação à pessoa ou pessoas sendo estudadas, pois essa é uma importante variável que tem sido, na maior parte das vezes, negligenciada" (pp.118-119).

Congruente com as propostas de La Fontaine, as pesquisas de linha behaviorista radical e as de tradição psicométrica cederam lugar a estudos mais processuais, revelando maior empatia dos investigadores para com seus sujeitos, como vemos em Miller (1989), que investigou durante vários anos o desenvolvimento musical de Eddie, uma criança autista.

Já há algum tempo, na Rússia, relativamente distanciada do sistema de divulgação dos cientistas ocidentais, desenvolviam-se estudos que consideravam os sujeitos em seu contexto, numa interação menos artificial entre pesquisador/sujeito. As influências da escola soviética e das pesquisas de Luria, particularmente de seu carinhoso trabalho com Sherakovsky (um sujeito que *não* era *savant*, mas tinha uma memória extraordinária) (Luria 1968), fizeram-se sentir apenas nas últimas duas décadas, ao menos na literatura relativa aos *savants*. Investigações como a de Luria foram fundamentais para a elucidação das funções da memória e a discriminação da terminologia. Como se sabe, um dos focos de interesse da neuropsicologia atual é a memória e houve grandes avanços particularmente nessa área. As pesquisas desdobraram-se para: explicar a ontogênese da memória; quantificar o número de itens lembrados; estudar as relações entre memória de curto prazo e memória de longo prazo; verificar o papel da atenção na memória; testar a memorização de itens significativos *versus* itens *nonsense* e a memorização de itens organizados *versus* itens aleatoriamente apresentados ou dispostos; estudar a função da memorização na aprendizagem por modalidades visuais, auditivas ou motoras/sensoriais, entre tantas outras questões.

Com a vasta quantidade de dados gerados por tais pesquisas, o conceito de memória ganhou em complexidade (Brown e Deffenbacher 1988). É sabido que a memória não se restringe a reter conhecimentos, mas pode envolver a ação e o planejamento neuromotor – esquemas de movimento e ação manual. Assim, atualmente, os autores que estudam a memória no *savant* têm de explicitar a que tipo de memória se referem; não basta mencionar memória "automática" (Kehrer 1992; Stevens e Moffitt 1988).

Em razão das teorias da neuropsicologia, termos como memória eidética (uma das mais populares explicações para a síndrome *savant*, principalmente para os calculadores do calendário) necessitaram ser redefinidos com maior precisão; procedimentos de investigação foram delineados, possibilitando pesquisar de maneira mais uniforme a presença desse tipo de memória em crianças e portadores de deficiência. Com isso, mostrou-se que não se podem explicar as habilidades *savant* indiscriminadamente por via da aplicação do conceito de memória eidética. Isso porque muitos *savants* não apresentaram essa memória, e já houve diversos casos de *savants* com quadros de deficiência visual congênita (se nunca tinham enxergado, não poderiam ter memória eidética).

A linha da inquisição neuropsicológica avançou muito nas últimas décadas: nos estudos das afasias, dos efeitos de tumores, das lesões cerebrais e das doenças degenerativas na função mental; e nas pesquisas sobre o potencial de recuperação e a plasticidade do cérebro. Novos e sofisticados instrumentos de investigação das funções cerebrais formaram um suporte para esses estudos (a tomografia de emissão de pósitrons, a ressonância magnética, a tomografia computadorizada, o EEG computadorizado). Com o auxílio desses instrumentos, as explicações simplistas sobre as funções complementares e distintas dos hemisférios cerebrais direito (para pensamento visual, espacial, criativo) e esquerdo (para raciocínio lógico, temporal e lingüístico), que estiveram tão em voga nos anos 70, precisam ser reformuladas. Autores como Charness, Clifton e MacDonald (1988) avançam nessa linha de investigação.

Assim, as hipóteses de autores como Selfe (1983; 1985), que supunham ocorrer um *trade-off* (troca) entre linguagem e habilidade extraordinária no *savant*, exigiram reformulações, pois se evidenciou que a linguagem, mesmo prejudicada, raras vezes se encontra totalmente ausente no portador de deficiência. Outros autores que desenvolveram pesquisas nessa linha foram Dieci e Guarnieri (1990) e Bogyo e Ellis (1988).

Descrições de outros autores que também se fascinaram com a hipótese da lateralização de funções cerebrais precisam ser repensadas à luz das pesquisas atuais da neuropsicologia. Ichiba (1990) e Cobrinik (1974, 1982) são exemplos representativos de autores que basearam suas hipóteses nas funções complementares dos hemisférios direito e esquerdo do cérebro. Cobrinik propõe que a hiperlexia "seja considerada como algo mediado pelo hemisfério direito, especializado na síntese rápida e complexa" (p. 575). Para Burling III, Sappington e Mead (1983), os *savants* utilizam "um padrão de função lateral altamente especializado, específico para a tarefa" (p. 328).

Em anos mais recentes, essa dicotomia entre funções cerebrais distintas para cada hemisfério cerebral foi definitivamente deixada de lado, e as hipóteses que buscam explicações nas disfunções cerebrais se mostram cada vez mais complexas. Treffert (1988) propõe a seguinte explicação:

> A formação, consolidação e recuperação da memória exigem o envolvimento diferencial do hipocampo, da amígdala e do tálamo. A memória *savant*, tão profunda mas tão estreita, tão vasta mas tão ausente de emoção, tão ilimitada mas tão rígida, certamente se utiliza de um sistema de circuitos diferente do da memória ordinária, que é muito mais rasa mas extremamente ampla, menos vasta

mas carregada de emoções, e mais limitada mas flexível, associativa e criativa. (p. 571)

Estamos ainda distantes de comprovar qualquer uma das hipóteses sugeridas a respeito dos substratos neurobiológicos considerados responsáveis pelas habilidades extraordinárias dos *savants*. Um número grande de pesquisadores investigou o fenômeno nessa perspectiva: Patti e Lupinetti (1993), Lucci, Fein, Holevas e Kaplan (1988) e Waterhouse (1988a e 1988b), entre outros. No entanto, parece ser significativo o fato de que muitos dos *savants* em quem foi realizado um diagnóstico criterioso apresentem algum quadro que sugira a ocorrência de algum tipo de dano ao cérebro durante o período de desenvolvimento (na gestação, no momento do parto ou durante a primeira infância), como quadros de autismo infantil, rubéola, fibroplasia retrolental,[5] encefalite, meningite ou traumatismo cerebral decorrente de acidentes de diversos tipos. Rimland e Fein (1988) resumem quatro hipóteses básicas, não exclusivas, sobre disfunções cerebrais:

1. Disfunções no sistema de atenção, que causam hiperfocalização e orientação exacerbada em direção a determinados estímulos em detrimento de outros. Os mecanismos neurais da atenção seletiva não são ainda conhecidos o suficiente para o estabelecimento de um sítio cerebral, mas os autores consideram, com base na literatura pertinente, que o hipocampo está envolvido, bem como o sistema reticular de ativação do tronco cerebral, através dos núcleos do tálamo e do hipotálamo, até atingir os níveis mais altos do córtex parietal e

---

5. O termo refere-se à administração de uma quantidade excessiva de oxigênio na estufa, em casos de prematuridade, e encontra-se associado a uma incidência alta de *savants* deficientes visuais com habilidade em música (Treffert 1990).

frontal. No caso, tratar-se-ia de hiperfunção do hipocampo, e não de hipofunção. Tal teoria é particularmente aplicável a quadros clínicos de autismo, nos quais as anormalidades de atenção vêm sendo documentadas há muitos anos, segundo os autores.

2. Rededicação cortical. Vários autores têm argumentado que os talentos especiais podem surgir quando ocorre uma reorganização do tecido não dedicado do córtex, formando uma arquitetura que se empresta a outras funções. Waterhouse (1988b), que considera as habilidades especiais como *isoladas* no repertório de comportamentos do indivíduo, sugere que "a organização especial do córtex sensorial primário (que fornece informação retinotópica e tonotópica) está presente no tecido das áreas de associação sensorial ou associação polimodal" (p. 506). Geschwind e Galaburda (1985), os mais importantes autores dessa hipótese, propuseram que a testosterona fetal retarda o desenvolvimento do hipocampo esquerdo, a ponto de a patologia ocasionar um desenvolvimento do hemisfério direito além do plano genético original. Tal teoria justificaria, também, a maior proporção de representantes do sexo masculino nos casos de autismo, dislexia e *savants*.

3. Funcionamento do hipocampo (relacionado à primeira hipótese). Nessa teoria, considera-se que ocorre uma hiperfunção do hipocampo, já que a amígdala e o hipocampo em conjunto formam um sistema para a retenção, a longo prazo, de memória consciente. Para Treffert (1990), o que ocorre, então, é uma disfunção da memória, causando uma incapacidade de esquecer ou de remeter à memória de curto prazo os fatos corriqueiros que não merecem ser guardados para sempre. A informação seria remetida à memória de longo prazo, de forma direta, praticamente sem seleção.

4. Disfunções do cerebelo. Segundo Rimland e Fein (1988), foram verificadas disfunções no cerebelo de alguns sujeitos autistas (casos de alto desempenho, cujo quadro às vezes é denominado de síndrome de Asperger), utilizando-se o exame de ressonância magnética. Especula-se que "os danos no cerebelo possam produzir os sintomas do autismo ao interromper numerosos sistemas do tronco cerebral e tálamo e mesmo, o que é mais importante, o sistema de ativação reticular, bem como o sistema vestibular oculomotor e vários outros sistemas serotonérgicos, dopaminérgicos e noradrenérgicos" (p. 490).

Note-se que essas hipóteses são particularmente relevantes para os quadros de autismo. Além das hipóteses ligadas aos substratos neurobiológicos no autismo, há, na área, outra série de trabalhos muito atuais de Charman e Baron-Cohen (1993) e Frith (1989), assinalando que o autismo pode se caracterizar por um distúrbio específico de "teoria da mente", de origem neurológica provavelmente, que afeta tanto a função cognitiva quanto a interação socioafetiva. Tais estudos assinalam um enfoque importante e poderão elucidar a dificuldade que os autistas apresentam no jogo simbólico, no pensamento metafórico, na produção de humor,[6] mesmo porque 50% dos *savants* apresentam quadros de autismo (Frith 1989).

---

6. A autobiografia *Uma menina estranha*, de Temple Grandin e Scariano (1999) (hoje uma agrônoma bem-sucedida, diagnosticada como autista quando criança), relata de maneira comovente para o leitor o que significou o autismo para ela durante a infância e a juventude. Recentemente, Temple também escreveu *Thinking in pictures* (1996), no qual descreve, num esforço metacognitivo, seus processos de pensamento e interação com o mundo. Outro texto bastante atual sobre Grandin é o de Sacks (1993), que oferece sua perspectiva sobre Temple baseado em uma extensa entrevista realizada com ela.

Uma rápida análise horizontal

Cabe observar que muitas das explicações e/ou descrições propostas na literatura não são neutras nem totalmente objetivas, mas se mostram carregadas de julgamentos de valor. Quando se diz que a habilidade especial: 1. preenche uma lacuna num cérebro compreendido como uma caixa vazia (Williams 1946); 2. foi adquirida por meio de uma simples memória automática (Horwitz, Deming e Winter 1969); 3. pode ser desenvolvida por qualquer pessoa disposta a passar seu tempo obsessivamente na prática de uma única atividade (Ericsson e Faivre 1988); ou 4. não é tão especial assim, pois o processo de pensamento envolvido é concreto, não abstrato, o que confirmaria que o *savant* é, de fato, um deficiente mental (Critchley 1979), talvez fique subentendido que o *savant* parece representar uma ameaça para alguns autores, que tratam logo de desqualificá-lo, negando sua capacidade de pensar e sentir. Como se vê, atitudes negativas e preconceitos permeiam os textos ditos científicos.

Assim, ao realizar uma leitura do panorama de explicações conforme dispostas anteriormente, evidenciaram-se alguns padrões historicamente significativos. Os cientistas não escreveram num vácuo; conforme sua formação, suas concepções e até mesmo seu país de origem, refletiram as perspectivas teóricas de seu tempo. No dizer de Bakhtin (Wertsch 1991), emprestaram as "vozes" de antepassados e contemporâneos que também falavam de inteligência, talento e função mental. Nesse sentido, a transformação nas explicações e/ou descrições da síndrome *savant* revela as mudanças nas nossas concepções sobre a natureza da inteligência e da deficiência mental no percurso da história – concepções que diferem conforme a formação do autor. Assim como a escolha da nomenclatura (*idiot savant*, "portador de deficiência com habilidade extraordinária", "deficiente talentoso") revela uma abordagem teórica, como já apontado no capítulo 1, a designação de explicações e/ou descrições de comportamentos também o faz.

Apesar das limitações e dos preconceitos, no entanto, foi graças aos registros desse conjunto de autores que o perfil de um *savant* genérico pôde evoluir e, hoje, mostra-se muito mais complexo e positivo do que os autores pioneiros sugeriam. Os estudos mais recentes assinalam no *savant* o comportamento inteligente de um ser ativo, que seleciona – não de forma aleatória, mas com intenção e planejamento prévio –, de alguém alerta e atento para certos tipos de estímulos que lhe são altamente significativos. Há memória, não meramente automática, e sim uma memória dirigida por regras e estruturas. A sensibilidade para alguns tipos de estímulos pode ser exacerbada (para sons, formas, cheiros, palavras), mas os estímulos não são aleatórios; pelo contrário, mostram-se carregados de significados, atribuídos num contexto sociocultural. Além disso, o saber do *savant* não se evidencia em sua memória, e sim na sua produção. E se a memória exacerbada mostra-se específica e restrita para a área de alto desempenho, isso pode ser motivo de grande satisfação para alguém que não tem muito do que se orgulhar. As descrições também ganham em profundidade na esfera socioafetiva.

Verifica-se que o talento musical, a habilidade de realizar cálculos matemáticos com muita velocidade, a extraordinária facilidade na representação gráfica, a memória de datas do calendário possibilitaram um reconhecimento que, sem dúvida, acrescentou um significado especial à vida das pessoas que foram descritas e estudadas pelos autores acima citados. Com isso, torna-se evidente que o estereótipo sobre a *ausência* de emoção no *savant* merece ser reconsiderado.

4
REPRESENTAÇÃO ESPACIAL: PARÂMETROS NA PRODUÇÃO GRÁFICA DE OUTROS DESENHISTAS[1]

Se o desenho pode ser compreendido como, simultaneamente, gesto, marca, representação, auto-afirmação e manifestação cultural, a produção do artista *savant* nas artes plásticas oferece desafios importantes para o pesquisador. Por um lado, exige dele a compreensão de que, no processo de estruturação do desenho da criança considerada normal, pode-se reconhecer a interação fluente e integrada de processos psicomotores, cognitivos, socioafetivos e de linguagem. E também lhe exige verificar como esse processo interativo ocorre na produção do portador de deficiência.

---

1. Com o objetivo de tornar este capítulo mais objetivo, o texto original foi grandemente reduzido, eliminando-se a parte referente à evolução da representação espacial no desenho infantil. Leitores interessados poderão buscar maiores informações na tese que deu origem a este livro (Reily 1994) e nos autores citados na primeira parte deste capítulo.

Por outro lado, a questão específica da representação bidimensional de uma realidade percebida tridimensionalmente é um problema cuja solução a criança normal vai resolvendo à medida que se apropria de sistemas de representação de espaço no plano bidimensional. Do ponto de vista da produção de artistas *savant*s, é exatamente o alto nível de seu desempenho na resolução do problema da representação que tem chamado a atenção dos pesquisadores.

Como se vê, vários problemas de ordem metodológica estão colocados aqui. Em primeiro lugar, embora se reconheça que o desenho implica a interação de processos psicomotores, cognitivos, socioafetivos e de linguagem, os autores interessados no tema têm realizado um recorte, focalizando ora a evolução do desenho nos seus aspectos perceptomotores, ora a expressão de conteúdos afetivos por meio da grafia, ora a elaboração do pensamento simbólico na representação figurativa. Em segundo lugar – e em razão do excelente desempenho dos *savant*s na representação bidimensional, é fundamental conhecer como a criança dita normal evolui na representação do espaço em seu desenho figurativo e, especificamente, como ela se apropria de sistemas de representação de espaço no plano bidimensional. Referimos o leitor a Matthews (1984; 1985) para uma discussão da ontogênese do desenho figurativo na criança pré-escolar; Thomas e Silk (1990), Freeman (1980), Cox (1996) e Golomb (1992) têm realizado pesquisas recentes sobre a representação do espaço na criança em idade escolar, avançando além do conhecido Lowenfeld (Lowenfeld e Brittain 1977), que ainda continua como referência importante para os arte-educadores. Recentemente, numa produção brasileira, Martins (1992) estudou a atuação plástica de adolescentes que "não sabem desenhar".

Na literatura sobre o tema, a grande maioria dos autores revela um enfoque basicamente maturacionista, como aponta Silva (1993), segundo a qual o desenvolvimento gráfico acontece "naturalmente", de forma biologicamente determinada, sobretudo nos primeiros anos; influências culturais específicas se farão sentir somente em anos posteriores, na escola (Golomb 1992). São recentes os estudos que problematizam esse enfoque, como por exemplo os do Project Zero, da Universidade de Harvard (Gardner 1993), que começa a considerar a produção gráfica da criança como uma manifestação que faz parte de um contexto sociocultural muito maior.

Infelizmente, ainda não há suficientes dados de pesquisa que explicitem de maneira satisfatória aspectos relativos à questão de *como* a criança, vivendo num ambiente rico em imagens, apropria-se da leitura de diferentes sistemas de representação espacial e reinventa-os no seu próprio desenho, embora os últimos 20 anos tenham trazido contribuições muito ricas sobre outros aspectos do desenho infantil. A mais importante delas foi a mudança de atitude diante do objeto: na atualidade, já não se considera que a criança seja malsucedida nas suas tentativas de representar o mundo graficamente; pelo contrário, entende-se que a variedade de soluções gráficas por ela criada para representar o espaço tridimensional nos seus desenhos atesta sua engenhosidade e imaginação (Freeman 1980). A partir do momento em que se vê diante da necessidade de justapor duas figuras no mesmo espaço da folha, a criança enfrenta o desafio. Assim, não se considera o uso de estratégias de representação[2] como garantido apenas pelo processo maturacional; tal uso é construído à medida que a criança se defronta com a necessidade de encontrar soluções para problemas de representação de figuras no espaço. Desenhar significa, portanto, resolver problemas espaciais.

---

2. Tais estratégias de representação incluem, entre outras, diminuição de figuras a distância, oclusão de figuras que estão no segundo ou terceiro plano, sombreados para representar volume, variação na espessura da linha de contorno para indicar distância, uso de perspectiva ortográfica, oblíqua e linear (Reily 1994).

Figura 4.1 - Desenho de Alice, 5 anos.

Cabe reiterar que, apesar da contribuição enorme que esse conjunto de estudos representa para nossa compreensão do desenho infantil, ainda não se abordou suficientemente como o meio influi e mesmo determina a apropriação das estratégias pela criança. Com o intuito de garantir a objetividade e diminuir a interferência de outras variáveis, o procedimento da maioria dos estudos sobre desenho inclui uma determinação no sentido de evitar que os sujeitos copiem uns dos outros durante a testagem. Um exemplo disso se encontra em Lee (1989): "Cuidados foram tomados para assegurar que a criança não conseguisse enxergar o que seus vizinhos estavam fazendo" (p. 17).

Percebe-se que o desenho infantil é tratado como se envolvesse uma expressão pessoal, totalmente isolada e independente da produção plástica de outras crianças e, principalmente, de imagens presentes no meio. Não cabe aprofundar aqui a análise do porquê desse enfoque, bastando dizer que há razões historicamente significativas para isso; entre elas, certamente se deve anotar o movimento da valorização da criatividade (na dimensão originalidade), nos anos 60, em oposição à cópia.

Assim, embora muitas pesquisas ainda enfoquem o desenho infantil como uma atividade desvinculada de qualquer contexto sociocultural, para os objetivos deste estudo é importante abordar o papel desse contexto na questão da apropriação das regras da linguagem gráfica. Isso porque os relatos sobre os *savant*s artistas afirmam, em quase todos os casos, que a aquisição das habilidades gráficas extraordinárias se deu espontaneamente, leia-se, sem instrução direta ou formal.

James Henry Pullen, por exemplo, iniciou sua carreira de artesão por acaso, copiando figuras e entalhando lenha (Tredgold 1937). Só depois recebeu instruções na marcenaria do Asilo de Earlswood, e logo se tornou um excelente artesão. No caso de Richard Wawro (Becker 1983), uma vizinha percebeu os primeiros indícios de sua aptidão extraordinária, mas foi na escola que sua habilidade começou a se desenvolver. Segundo sua professora, ela lhe ofereceu um lápis de cor vermelha, que seria mais visível para ele, com o intuito de interessá-lo pelo mundo e fazê-lo perceber sua capacidade de fazer um registro. A partir das primeiras evidências de sua capacidade de representação, sua produção foi estimulada com o objetivo de envolvê-lo em alguma atividade para estabelecer um veículo de comunicação e para desenvolver uma noção do "eu".

Alonzo Clemens (Treffert 1990) sempre gostou de modelar figuras com massinha, mesmo antes do acidente que lhe causou traumatismo craniano, perdas de função e alteração de seu potencial de desenvolvimento. Sobre Yamashita, há indícios de que sua habilidade apresentou-se de maneira espontânea e foi estimulada na escola especial que ele passou a freqüentar na pré-adolescência. A profissionalização foi um caminho utilizado para possibilitar a continuidade da atividade, pois, com a venda de quadros, era possível comprar novos materiais de arte. Yamamura também começou a desenhar por interesse próprio, quando pequeno; seu talento foi posteriormente identificado e estimulado na escola. A produção extraordinária de Nadia também teve origem espontânea, manifestando-se precocemente em casa, durante um período de convalescência da mãe, que estivera no hospital. Selfe (1977) interpreta o surgimento dos desenhos como expressão da grande alegria sentida por Nadia pelo fato de a mãe voltar para casa. Stephen Wiltshire manifestou sua habilidade de forma espontânea, na escola, e foi estimulado posteriormente, como forma de promover contato interacional e comunicacional.

Yamamoto é o único caso cuja habilidade artística não parece ter tido origem espontânea. Segundo Morishima e Brown (1976), "a motivação para desenhar quadros não foi iniciada pelo próprio Yamamoto. Ele precisou do direcionamento de um professor como Kawasaki para começar. A partir daí, ele se automotivava pelo desenho perseverativo de hora após hora" (p. 47).

Diante disso, então, os *savants* devem ter se apoiado no meio cultural como fonte de imagens.

Lamentavelmente, ainda não há estudos satisfatórios sobre a questão de *como* a criança se apropria de imagens presentes no meio, que poderiam servir como parâmetros para uma análise da apropriação de estratégias gráficas pelos *savants*.

Ferreiro e Teberosky (1986), em seu trabalho original sobre a redescoberta da escrita, explicam como a criança, cercada por um mundo letrado, busca sentido nos escritos que a rodeiam, mesmo que não domine as estratégias formais da leitura. Talvez essa seja nossa referência central para um paralelo possível, embora não tenha havido ainda um estudo comparativo ao de Ferreiro sobre a apropriação da imagem e posterior aplicação no próprio desenho de regras gráficas assimiladas. A leitura de imagens visuais é, provavelmente, um processo ainda mais precoce do que a leitura das letras e ocorreria no dia-a-dia, desde tenra idade.

Lembremo-nos, para isso, de que a criança é bombardeada por imagens de todo tipo: desenhadas ou fotografadas, pictográficas ou abstratas, mais ou menos significativas para ela. As imagens encontram-se por toda parte: em *outdoors*, placas na rua, logotipos de centros comerciais, vitrines, estampas de roupas, embalagens de objetos de uso cotidiano, bem como em quadros nas paredes e em imagens denominadas formalmente de arte. Além disso, acompanham e ilustram a escrita nos chamados "portadores de texto".

Para mostrar de que maneira estratégias de representação espacial estão presentes no nosso dia-a-dia e são plenamente acessíveis a qualquer pessoa do meio urbano, basta observar uma amostragem recolhida de variadas fontes: jornais, revistas de consumo popular, livros didáticos, livros de histórias infantis. São abundantes as imagens presentes no cotidiano nas quais o artista (ou produtor de imagens) utiliza-se de estratégias de representação de espaço como a oclusão total e parcial, relações de tamanho e perspectiva. Ora, a criança aprende a ler tais imagens e a extrair significados relevantes desse material. Provavelmente, também aprende, sem se dar conta disso, a utilizar os mecanismos de representação de profundidade já dominados por artistas profissionais que produzem imagens para a mídia. Esse processo de apropriação na leitura de imagens e produção de imagens pode ser muito semelhante ao que ocorre nos casos de outros artistas não formalmente treinados a produzir arte.

Parâmetros nos desenhos de outros grupos de artistas adultos

Como descrever as características básicas da produção artística de *savants* tendo parâmetros relacionados somente ao desenho infantil da chamada criança normal? Como avaliar o processo gráfico à luz das pesquisas sobre representação? Assinalar o que *não é* característico da produção dos artistas *savants* é uma maneira de descrever o que *constitui* esse gênero artístico. Para tanto, é preciso comentar a produção de alguns outros grupos de produtores de imagens não-profissionais, mostrando aspectos que se aproximam e se diferenciam da obra dos artistas aqui investigados.

Foram selecionados para esta discussão os seguintes grupos não formalmente treinados em arte: adultos deficientes mentais, adultos doentes mentais e artistas primitivos (conhecidos como ingênuos, *naïfs* ou pintores de domingo). Essa escolha deve-se não apenas ao fato de já haver um certo corpo de observações e pesquisa a respeito de sua produção, como também porque certas semelhanças são assinaladas na literatura (são todos autodidatas, pessoas sem conhecimentos artísticos técnicos e teóricos formalmente transmitidos).

Importa assinalar que não foi realizada nenhuma investigação experimental com esses grupos, e sim um breve comentário baseado na literatura. Lembremo-nos também de que, mesmo reconhecendo a diversidade das produções individuais em cada grupo, dada a história de vida, os interesses, as possibilidades e limitações de cada pessoa, o objetivo é observar algumas características comuns apontadas por autores que trabalharam com eles ou os estudaram. O que é freqüente na maioria? O que caracterizaria a produção de um grupo a tal ponto que alguém poderia dizer, por exemplo, ao olhar um quadro de Frederico, "isso parece desenho de pintor primitivo?".

Características da produção de imagens de deficientes mentais

Não incluindo os *savants*, já poucos, são raríssimos os casos de deficientes mentais artistas registrados na literatura. Um deles é Julie Bar, citada por MacGregor (1989), incluída em seu estudo de distúrbios de ordem psiquiátrica, porque o caso foi apontado por um importante pesquisador suíço que trabalhava com a produção artística de doentes mentais. Julie Bar (1868-1930) apresentava um quadro de retardo mental geral, limitações de linguagem comunicativa, associado a crises severas de epilepsia, segundo o autor. É interessante citar as observações do doutor Charles Ladame, o psiquiatra que coletou a obra de Julie Bar e acompanhou sua trajetória, pois assinalam algumas diferenças que contrastam com a atuação artística dos *savants*. O autor perguntava-se "como Julie poderia conceber os temas que desenhava e, particularmente, como era capaz de construir composições pictóricas a partir dos motivos dispersos que habitualmente utilizava. Nunca a observei demonstrando qualquer interesse por ilustrações em livros ou revistas" (pp. 207-208).

Figura 4.2. - "Casa e Pássaros" de Julie Bar.

MacGregor complementa o relato informando que Julie trabalhava com lápis preto, raramente acrescentando cor. Realizava repetidas vezes desenhos de animais se alimentando e incluía, como sua marca registrada, um bico nas figuras humanas. Em razão de sua limitação na área de linguagem verbal, não era possível obter maiores informações sobre as imagens que desenhava, mas era evidente o enorme prazer que a atividade artística lhe trazia, preenchendo de forma significativa uma grande lacuna em sua vida.

No geral, os desenhos de pessoas portadoras de deficiência mental têm sido objeto de alguns comentários. O fator mais freqüentemente assinalado é o da forte correlação entre o nível de habilidade gráfica e a idade mental do sujeito. Resultados semelhantes são mostrados por estudos clássicos, realizados por Goodenough (1923), Harris (1963), Townsend (1951), Stotijn-Egge (1952), Lark Horowitz e outros (1967), ao comparar habilidades de cópia e desenho de figura humana em crianças normais e em deficientes mentais: o desenho reflete a idade mental geral e não a idade cronológica. Estudos mais recentes, como os de Golomb (1992), Uhlin (1979), Timmerman (1986) e Anwar e Hermelin (1982), tendem a confirmar essa afirmação.

Para quem trabalha com grupos de adultos portadores de deficiência mental, no entanto, essa afirmação parece ser bastante simplista. Ignora aspectos fundamentais que influenciam o nível de elaboração artística, quais sejam: o interesse do indivíduo em participar dessa atividade, o nível de autocrítica e o próprio significado da arte para a sua vida. Pessoas com deficiência mental não são igualmente deficientes em todas as áreas, da mesma maneira que pessoas consideradas inteligentes não são inteligentes para tudo.

Cabe lembrar que, tanto no caso do *adulto* "normal" como no da pessoa considerada deficiente, a produção artística nem sempre revela todo o potencial mental e artístico. Qual adulto gostaria de ser avaliado intelectualmente com base em sua produção gráfica? Suspeitamos que seriam poucos os que considerariam essa uma medida justa de suas funções cognitivas. Assim, a afirmação de que o desempenho no desenho reflete o nível de inteligência parece ter mais validade quando aplicada para o período de *desenvolvimento infantil* e, mesmo assim, com bastante cautela.

Há outro aspecto a considerar, como bem lembra Di Leo (1973). O desenho de uma criança deficiente mental apresentará características bastante distintas das de uma criança "normal", de idade mental compatível: poderá ser mais desorganizado, sem integração e, embora contenha itens esperados apenas em crianças mais velhas, outros itens básicos poderão estar faltando na figura. Segundo esse autor, crianças com quadros mais leves de deficiência, com alguma consciência de suas dificuldades, podem apresentar distúrbios emocionais associados que se revelarão no desenho.

Durante o período em que trabalhei semanalmente com Frederico e seus colegas da oficina abrigada, observei que a produção gráfica de alguns adultos se assemelhava a desenhos de pré-escolares, quanto à estrutura simplificada para as figuras humanas, à seqüência decorativa de flores ou árvores alinhadas, por exemplo. Entretanto, seu desempenho era muito mais maduro que o esperado para crianças pequenas nos aspectos de controle motor, longo tempo de concentração, independência na atividade, cuidado com o material.

Assim, o paralelo entre idades mentais pode ter utilidade, mas deve ser compreendido como um parâmetro grosseiro, como no seguinte sumário:

- na deficiência mental de nível moderado, o desempenho gráfico seria caracterizado por: desenho narrativo, com figuras esquemáticas organizadas em cenas, utilizando uma ou mais linhas de base; temática, nível de elaboração, detalhamento e cuidado gráfico seriam bastante variados;

- na deficiência mental de nível mais severo, a organização espacial seria comparável a desenhos de pré-escolares, com pré-esquemas aleatoriamente dispostos na folha, repertório de figuras mais limitado; provavelmente tempo de elaboração relativamente rápido;
- em níveis mais prejudicados, as regras básicas do desenho representativo não teriam sido dominadas; como resultado, o desenho poderia ser aleatório, refletindo o gesto manual ou algo mais elaborado, como uma seqüenciação de marcas agrupadas em texturas no espaço.

É importante observar que, em qualquer dos casos, o sujeito pode optar pela realização de desenho ou pintura de natureza abstrata, sem preocupação em representar objetos ou cenas. Além disso, cabe salientar que, como já foi dito, o sucesso estético da obra não está diretamente vinculado ao nível mental, mesmo tratando-se de pessoas não portadoras de deficiência mental. Alguns adultos com prejuízo mental acentuado realizam desenhos e pinturas de grande interesse gráfico, ao passo que outros, trabalhando sobre o mesmo tema, podem produzir desenhos menos interessantes (cf. p. 177, fig. 4.3).

Baseada em minha própria experiência de arte-educação, com pessoas portadoras de deficiência mental, posso afirmar que encontramos muitas vezes desenhos que se apóiam em esquemas relativamente cristalizados, num repertório bastante restrito; também é freqüente vermos desenhos e pinturas que revelam interesse em aspectos decorativos, seqüenciados, tanto de ordem temática (seqüência de flores, listas coloridas no telhado) quanto de ordem abstrata (faixas de cor, pontilhados, separações de áreas etc.) (cf. p. 178, fig. 4.4).

Figura 4.5 - Técnica mista de Maluf.

A temática selecionada é predominantemente concreta, ligada à realidade. São raras as figuras de sonho, as metáforas, a simbolização etc. Podem ocorrer, no mesmo desenho, justaposições de objetos que logicamente não se encontrariam no mesmo contexto, mas isso parece antes significar uma listagem de objetos desenhados do que caracterizar o processo associativo do sonho. A fala que se segue ilustra esse tipo de solução gráfica. Ao terminar seu trabalho de colagem, o aluno Maluf (adulto portador de síndrome de Down) nomeou cada objeto representado no desenho (fig. 4.5).

Aqui são os sóis [três círculos com raios]; aqui me lembra o Egito [uma forma triangular]; um barquinho, aqui são as ondas [um trapezóide sobre uma tira de papel ondulado]; aqui me lembra uma festa junina [uma forma de losango]; aqui lembra um copo de cerveja [um polígono em posição vertical]. Aqui lembra o *retângulo da Bermuda* [para uma forma retangular].

Apesar do fato de somente os sóis e a onda serem propriamente figurativos, reconhecíveis por outra pessoa, Maluf demonstrou entender que a arte tem uma função representativa e que remete a objetos do nosso mundo.

No contexto da deficiência mental, a atividade artística parece ter, primordialmente, uma função social: o desenho é realizado tendo em vista o outro, como se percebe no episódio transcrito abaixo.

Levantando sua pintura (listas pintadas em seqüência), Cristiano disse: "Ó, minha obra de arte! Ó, como tá bonita essa minha bandeira do Brasil! Esse preto é de Ordem e Progresso. Esse branco representa as nuvens. O azul representa o céu. O amarelo, o sol e o verde, as matas. Olha só! Olha só!".

143

Características da produção de imagens do doente mental

No caso de pessoas, com doença mental, pelo contrário, a arte tem uma função altamente pessoal (MacGregor 1989). Segundo Nise da Silveira (1992), "nenhum psicótico jamais desenha ou pinta pensando que é um artista. O que ele busca é uma linguagem com a qual possa exprimir suas emoções mais profundas" (p. 92).

MacGregor (*ibidem*) adverte que não existe *uma arte do doente mental*. Assim como o doente mental pode fazer um desenho que não revela nada de sua patologia, um artista pode produzir uma pintura que parece "coisa de louco". Ou seja, não se pode realizar um diagnóstico com base, unicamente, na produção plástica do indivíduo.

Silveira também assinala que nem toda obra de determinados pacientes revela seus conflitos do mundo interior. Assim, a autora descreve o trabalho de um artista: "Nessas paisagens não se descobrem os fenômenos da dissociação freqüentes na esquizofrenia"; pelo contrário, algumas pinturas se mostram "surpreendentemente ordenadas" (p. 61).

Apesar das ressalvas, em muitas das imagens produzidas por doentes mentais predominam conteúdos interiores, enigmáticos, bizarros e/ou simbólicos. Segundo Silveira, "não surpreenderá que o esquizofrênico, caracteristicamente desligado do convencional, procure formas de expressão anômalas"[3] (p. 92). Além do uso de imagens anômalas, as figuras se encontram dispostas no espaço gráfico de forma desagregada, partida.

---

3. Imagens anômalas, segundo essa autora, compreenderiam imagens fragmentadas, extravagantes, dissonantes, seres fantásticos, imagens de terror, de sonho, advindas da interpenetração de espaço externo e espaço interno.

Figura 4.6 - Desenho de Raphael.

Prinzhorn (1972), autor clássico da área, assinala a presença de fantasias eróticas e religiosas no desenho dos doentes mentais, que apontam "tendências repetitivas, ornamentais, ordenadoras, simétricas, simbólicas" (Silveira 1992, p. 88). No desenho desses adultos amadores, sem formação artística, verificam-se os mesmos tipos de problemas de disposição no espaço que representam um tormento para os adolescentes. Se dificuldades com perspectiva, oclusão e relações de tamanho à distância resultam em frustração, fracasso e desistência para muitos jovens, no caso dos artistas doentes mentais, porém, as dificuldades para representar a profundidade no plano bidimensional não parecem significar barreiras intransponíveis. Segundo Mário Pedroso, "os artistas do Engenho de Dentro superam qualquer respeito a convenções acadêmicas estabelecidas e quaisquer rotinas da visão naturalista ou fotográfica. Em nenhum deles, as receitas de escola são levadas em consideração" (ibidem, p. 37).

Não há, necessariamente, uma preocupação em representar o real, pois o que está em jogo é o conteúdo interior. Da mesma forma, o uso de cor pode não estar relacionado ao convencional. Em alguns artistas, predomina uma produção do tipo abstrato, com justaposição de cores e formas (regulares ou irregulares).

Dada a precariedade dos estudos científicos sobre a produção de imagens por psicóticos, é preciso que nos apoiemos nos relatos de profissionais com larga vivência na área. No entanto, cabe lembrar que a leitura da imagem sempre implica uma abordagem, um certo recorte. Assim, uma imagem pode ter uma origem altamente simbólica segundo a interpretação de um profissional e, para outro, a leitura ser diferente. Como exemplo, pense-se na pintura (p. 179, fig. 4.7), cuja temática "a festa junina" é freqüentemente encontrada entre os pintores primitivos. Frederico também demonstra predileção por ela.

Segundo a leitura de Silveira, essa pintura reativa "imagens arquetípicas no inconsciente coletivo" dos rituais do fogo, ligados à relação masculino/feminino.

De cada lado da fogueira, simetricamente colocados, oito homens de joelhos, de mãos cruzadas, roupas iguais e pulseiras, parecem pertencer a uma mesma confraria. Todos olham a fogueira, que ocupou o centro da pintura e acima da qual se vê um grande balão. Aqui ressurge o ritual arcaico do fogo, com suas típicas conexões entre fogo e sexualidade. O fogo representa o elemento masculino, e o balão, o elemento feminino. (p. 100)

Um arte-educador ou artista plástico provavelmente faria uma leitura completamente diferente, apontando as características de simetria, ritmo (repetição de bandeirolas, chapéus, braços), frieza (predomina o azul), estabilidade, e assim por diante. Essa pintura, diferentemente do exemplo abaixo, não justapõe imagens incompatíveis, não revela desagregação, não remete ao sonho, e sim a uma festa popular, identificável por todos, que trata de uma temática bastante comum entre um outro grupo de adultos autodidatas: os pintores primitivos brasileiros.

Características do desenho primitivo

Não cabe aqui falar da história do reconhecimento da pintura primitiva como um gênero de valor na história da arte, nem de discutir por que, durante muito tempo, esses pintores foram "ridicularizados como crianças grandes com mania de pintar" (Aquino 1978, p. 11). Nosso objetivo é caracterizar o gênero para apontar suas diferenças com relação à produção dos artistas *savants*.

Segundo o conhecido crítico de arte brasileira Flávio de Aquino, a "arte primitiva é o nome de um gênero de manifestações estéticas não eruditas, de inspiração espontânea, aprendizado autodidático e temáticas populares" (p. 11). O crítico também procurou distinguir a pintura desses artistas ingênuos da de outros grupos com produção plástica similar: artistas populares e folclóricos, povos atuais em estado primitivo, doentes mentais e crianças: "(...) todas elas expressão do inconsciente (próprio ou coletivo), traduzidas pelo autodidatismo de seus meios de representação. Essas artes, tal como a arte moderna, são antiacadêmicas, mesmo quando os autores não o sabem" (p. 12). Segundo esse autor, a arte primitiva não é uma produção anônima, como a popular ou folclórica; as pinturas têm autoria. Em comum com o desenho infantil, revelam os sonhos e a pureza da vida; o adulto, porém, é consciente de seu papel de artista, ao passo que a criança, como o louco, faz arte por necessidade de expressão pessoal. Com relação aos doentes mentais, a semelhança está apenas nas aparências e na liberdade artística, ainda segundo Aquino, pois:

(...) a pintura *naïf* é uma afirmação estética ínsita – espontânea e sincrética –, a arte do alienado, principalmente do esquizofrênico, é uma tentativa aberta de juntar o seu ego despedaçado, enquadrá-lo dentro de uma realidade de formas fechadas (mandalas) ou de turbilhões caóticos – com relações muito mais íntimas com seu subconsciente do que com o seu meio ambiente. Há uma hiperabstração dissociativa (embora possa ser figurativa) na pintura do louco, inexistente na pintura do primitivo. (p. 69)

A produção plástica do artista primitivo é sempre figurativa – num "figurativismo fiel à sua imaginação popular" (p. 147). A temática varia de um pintor para o outro: "a imaginação voltada para o onírico, o popular, o fantástico" (p. 53). Alguns pintores preferem a temática tropical; outros, os temas fantásticos originados nos mitos e lendas; outros, ainda, abordam o cotidiano rural ou suburbano, retratando a vida com um tom de nostalgia, ou, às vezes, realizando uma crítica social, como uma expressão da "realidade feérica do pequeno mundo dos humildes" (p. 146).

Esse retrato pode revelar "o monótono encanto da vida citadina" ou "a poesia do trabalho ou a do lazer humano" (p. 147).

As soluções encontradas por esses artistas autodidatas para a representação do espaço (volume e profundidade) no plano bidimensional são semelhantes. Alguns dominam princípios da perspectiva linear, mas em muitos a representação da profundidade é quase inexistente: as cores vivas e chapadas apagam a ilusão de profundidade, igualando todos os planos. É raro tratamento com transparências; sombreados e *degradés* também. O que se encontra regularmente é tratamento superficial cuidadoso: texturas, padrões repetitivos, efeitos decorativos (cf. p. 180, fig. 4.8).

Quanto à composição, são freqüentes as opções pela simetria e pela organização rígida. Muitos pintores revelam um "horror ao vazio", preenchendo áreas vazias com detalhes. Alguns retratam à distância, preocupando-se com mínimos detalhes; outros retratam grandes figuras em primeiro plano (cf. p. 181, fig. 4.9).

Além disso, e apesar do autodidatismo, esses pintores revelam grande cuidado no manejo da tinta. Demonstram carinho com seu instrumental e com o veículo selecionado, o que não vamos encontrar, necessariamente, na produção dos doentes mentais. O quadro é limpo, realizado com muito capricho.

Características da produção de imagens dos savants

Como se afirmou no início deste capítulo, as produções artísticas de outros grupos de adultos foram descritas resumidamente para criar um referencial no sentido de auxiliar na definição do que *não é* característico do desenho produzido por artistas *savants*. Do que foi exposto, já se podem assinalar aspectos ausentes da produção *savant*: não se encontram instâncias de imagens abstratas; há ausência de conteúdo de origem pessoal, claramente simbólico, revelador do mundo interior; não se evidencia humor, caricatura, piadas ou jogo de imagens incompatíveis; não se encontram imagens de sonho ou alucinação nem imagens que transmitam medo ou terror; não se apresentam metáforas e analogias nem tampouco imagens de origem religiosa (cf. p. 181, fig. 4.10).

Quanto às características constitutivas da produção dos *savants* – se é que há tais características *comuns* ao grupo –, bastaria acompanhar algumas descrições da literatura. Howe (1991) afirma que, até onde se sabe, os *savants* não começam a desenhar tão precocemente quanto crianças normais (a partir do segundo ano de vida), mas, quando iniciam, seus desenhos já se mostram figurativos, com temática reconhecível. A habilidade parece surgir de forma espontânea, sem que se tenha observado um longo tempo dedicado à prática da atividade gráfica. Os desenhos são realizados de memória, sendo possível, em alguns casos, identificar a fonte que inspirou a figura (uma ilustração específica, por exemplo). Quando criança, o desenho é finalizado em poucos minutos. Na adolescência, no entanto, o artista *savant* é capaz de dedicar várias horas a um único trabalho, ainda segundo Howe.

Crianças consideradas normais têm um repertório bastante amplo, que inclui figuras humanas, casas e prédios, animais, veículos, plantas etc., ao passo que os *savants* revelam preferência por um tema em particular. Além disso, sua seleção de instrumentos gráficos, suportes ou técnicas artísticas também se mostra bastante rígida. Nadia, na época dos estudos de Selfe (1977, 1983), só trabalhava com caneta esferográfica ou, eventualmente, lápis; Richard Wawro, até hoje, utiliza unicamente giz à base de óleo da Caran D'Ache; Stephen, por sua vez, domina o desenho linear em preto e branco; Alonzo Clemens esculpe animais.

Com relação à ocupação de espaço, Howe observou que os desenhos de artistas *savants* às vezes sangram a folha, o que raramente se observa na representação de crianças normais, que procuram enquadrar a figura no espaço disponível, mesmo que isso resulte em distorções.

No que se refere a aspectos processuais, Howe comenta que artistas *savants* iniciam o desenho a partir de pontos não usuais. Em vez de começar da cabeça, por exemplo, o primeiro traço pode partir do pescoço ou do pé. Às vezes, as imagens se sobrepõem, o que poderia revelar uma indiferença ou falta de sensibilidade do *savant* com relação ao produto final.

Outro aspecto mencionado por Howe é a ausência de padrões decorativos e enfeites nos desenhos dos *savants*, o que, no entanto, é muito comum no desenho infantil. Baseando sua descrição em um número limitado de casos, o autor também afirma haver ausência de cor nos desenhos desses artistas. Isso se verifica, de fato, nos casos de Nadia e Stephen Wiltshire, mas não na produção de James Henry Pullen, Yamamoto ou Richard Wawro.

Numa outra linha de investigação, Neil O'Connor e sua companheira de pesquisas, Beate Hermelin, buscaram compreender melhor a natureza das habilidades artísticas dos *savants*. Num dos primeiros estudos da seqüência, comparando um grupo de artistas *savants* com um grupo de portadores de deficiência mental de idade mental equivalente, obtiveram o seguinte resultado: os *savants* precisavam de menos informação para identificar figuras incompletas do que os outros grupos pesquisados. Isso mostrou que as imagens visuais armazenadas estavam arquivadas de tal forma que pistas mínimas permitiam a identificação das figuras.

As pesquisas de O'Connor (1989) levaram-no a concluir que, embora o "dom" se manifeste precocemente (entre 5 e 8 anos de idade), não ocorre aperfeiçoamento com a prática, apesar da forte tendência para a concentração nessa única ocupação, excluindo-se qualquer outra atividade. Seus estudos evidenciam que os *savants* utilizam regras simples e algum nível de abstração. Ele afirma que os *savants* pensam, ou seja, induzem regras e regem suas ações conforme as regras percebidas. Não são meros "autômatos mnemônicos" que simplesmente lêem respostas de uma tela visualizada na mente. Chega mesmo a avaliar que a aptidão dos artistas *savants* de seus estudos se compara à de adolescentes talentosos em arte, tanto no desenho de observação como no desenho de memória. Já num estudo anterior, O'Connor e Hermelin (1987b) haviam demonstrado que a memória é de natureza motora mais do que visual, já que os *savants* dos estudos tinham dificuldade com a percepção e o reconhecimento de imagens visuais, mas não com a execução (cópia e reprodução) de desenhos. Concluíram que, embora a percepção e o reconhecimento estejam relacionados ao Q.I., a cópia e a execução gráfica se mostraram independentes do Q.I., em virtude da possibilidade de invocar os programas motores apropriados. Com base nos dados, propuseram que a superioridade dos artistas *savants*, em comparação com um grupo-controle, pode ser derivada de um léxico de imagens mais rico e mais amplo. Assim, inferiram que dois fatores estão envolvidos: capacidade de programação motora e facilidade de edição e análise de imagens disponíveis. O enfoque desses autores enfatiza o aspecto de produção acima do de recepção de estímulos.

Em 1991, O'Connor e Hermelin (1991b), em continuidade às pesquisas, concluíram que comportamentos repetitivos e preocupação com uma área restrita de interesse estão associados ao desenvolvimento do talento *savant*.[4] Independentemente de autismo, os *savants* se mostraram mais interessados que os sujeitos-controle do experimento em focar algo em particular e ordenar objetos pessoais.

---

4. Os autores preferem o termo "preocupação" a compulsividade obsessiva, por não se tratar de quadro de psicose ou neurose.

Com relação à memória, retomam a afirmação de que os *savants* apóiam-se num léxico armazenado na memória visual a longo prazo – memória essa que se traduz em parâmetros de controle motor. Citam Phillips (Phillips *et al.* 1985), que considera não haver conquista de estratégias gerais para observar e desenhar objetos nem para traduzir três dimensões em duas. Ocorreria, antes, a apreensão de esquemas de descrições gráficas de objetos específicos, de efeito duradouro e amplo.

Em pesquisa posterior, Hermelin, Pring e Heavy (1995) demonstraram que os *savants* apóiam-se primordialmente em esquemas de memória que estão organizados *semanticamente*, *reafirmando seu raciocínio categorial*.

Tendo em vista a diversidade dos resultados das pesquisas e o pequeno número de estudos dedicado a esse tema específico, confirma-se a dificuldade de agrupar algumas características constitutivas da produção dos *savants*. Podemos, no entanto, tentar assinalar alguns aspectos comuns citados na literatura:

1. surgimento "espontâneo" (sem treinamento prévio) da habilidade artística;
2. desenho de temática figurativa;
3. figura iniciada em ponto não usual;
4. figuras com sangramento das bordas do suporte;
5. agilidade na execução;
6. ausência de padrões decorativos;
7. evidência de uso de regras;
8. representação de memória;
9. restrição na seleção de temas e técnicas;
10. grande léxico de esquemas gráfico-motores, semanticamente organizado.

Na segunda parte deste trabalho, apresentaremos o caso de Frederico e teremos oportunidade de analisar sua produção plástica e confrontá-la com a descrição acima. Com isso, será possível perceber que, mesmo diante da natureza distinta dos estilos e soluções individuais existentes na construção de cada *savant*, há fatores compartilhados por todos esses artistas.

PARTE II
O CASO DE FREDERICO

5
FREDERICO: INFORMAÇÕES GERAIS

Frederico nasceu em meados de 1972 e tinha 20 anos na época do estudo aqui relatado. É o quarto filho de um casal natural de Belém do Pará. A família mudou-se para São Paulo em virtude do trabalho do pai, engenheiro, que exigia viagens constantes.

Nasceu a termo, de parto cesariano, mas com baixo peso e estatura (1.850g e 45cm), provavelmente em razão de insuficiência placentária, segundo informações do relatório médico. Em virtude do baixo peso, o bebê ficou na estufa por 40 dias. Segundo o mesmo documento, nasceu "com uma série de malformações características da síndrome rubeólica – microcefalia, catarata congênita, malformação cardíaca e hérnia diafragmática". Associada ao problema cardíaco, constatava-se ainda "cianose de extremidades e perioral". O diagnóstico definitivo foi: "encefalopatia crônica infantil não evolutiva" (ou seja, paralisia cerebral), "de origem rubeólica, provavelmente".

A mãe não teve acompanhamento pré-natal durante a gestação de Fred, mas havia fortes suspeitas de que contraíra rubéola no segundo mês de gravidez. (A família à época pensou tratar-se apenas de uma intoxicação alimentar.) Mesmo informada dos riscos, a mãe não quis interromper a gravidez. Como não foram realizados exames sorológicos na mãe para determinar a presença e o nível de anticorpos do vírus da rubéola, por não ter havido acompanhamento pré-natal nem tampouco do bebê ao nascimento, o diagnóstico de rubéola materna como causa primária do quadro de Frederico não é incontroverso. Entretanto, as seqüelas que a criança apresentou são tão características da rubéola congênita que não pairam muitas dúvidas de que essa tenha sido, de fato, a origem dos distúrbios de Frederico.

Lembremos aqui alguns dados sobre a rubéola, para elucidar a natureza dessa doença e suas conseqüências sobre o feto em formação.

Até 1942, a rubéola não era considerada uma doença particularmente nociva. A ligação de causa e efeito entre a infecção materna durante os primeiros meses da gestação e os distúrbios apresentados pelo bebê ao nascer foi fruto dos estudos de um oftalmologista australiano, N.M. Gregg, que observou um quadro associado de catarata congênita bilateral, baixo peso ao nascer e defeitos congênitos cardíacos, quando atendeu a uma série de casos de catarata congênita em recém-nascidos. Intrigou-se com as semelhanças dos quadros dos bebês (Feldman 1973) e resolveu investigar a etiologia do problema. Constatou que o tipo de lesão visual tratava-se de algum tipo de dano ao feto durante o período de formação da lente ocular. A investigação para identificar uma possível infecção pré-natal levou à conclusão de que a rubéola fora responsável, já que houvera uma severa epidemia dessa doença em 1940.

É interessante observar que os distúrbios que mais preocuparam os primeiros pesquisadores foram os que se mostraram facilmente identificáveis ao nascimento: catarata congênita, cardiopatia congênita, baixo peso ao nascer. Já a deficiência auditiva, uma das mais importantes seqüelas da rubéola, não é imediatamente aparente. Feldman (*ibidem*) afirma que "o prejuízo da audição pode ser sutil e não ser detectado até o momento do atendimento escolar. Os dados disponíveis sugerem que, se os problemas de audição não se evidenciarem até os 4 anos de idade, provavelmente não se apresentarão" (p. 11).[1]

As estatísticas sobre os tipos e a incidência de seqüelas causados pela rubéola variam de acordo com o grupo pesquisado, mesmo porque existem vários problemas para o estabelecimento de um diagnóstico preciso sobre a infecção pelo vírus dessa doença (Azevedo *et al.* 1989). Segundo os autores, as seqüelas mais freqüentes são: retardo do crescimento; deficiência auditiva; cardiopatias congênitas; lesões oculares (cataratas, retinopatia); hepatosplenomegalia.

Northern e Downs (1989), citando Cooper, apresentam uma estatística preocupante: em 50% dos casos ocorre perda auditiva; em 50%, doença cardíaca; em 40%, catarata ou glaucoma; em 40%, retardo psicomotor e mental. Além dessas, as crianças podem apresentar outras "anormalidades dentárias, microcefalia e problemas de comportamento" (p. 381).

No seu resumo da literatura, Azevedo *et al.* (1989) citam essas mesmas alterações e acrescentam: retardo no crescimento intra-uterino, provocando baixo peso ao nascimento (cerca de 50% dos casos); além da catarata, podem estar presentes a retinopatia pigmentar (conhecida como "sal e pimenta") e a microftalmia. Segundo esses autores, a deficiência auditiva é,

---

1. Embora não esteja no âmbito deste estudo tratar a questão da rubéola, é importante alertar que profissionais de saúde e educadores da área de educação especial devem inteirar-se das diversas questões ligadas a essa doença e sua prevenção, porque, no Brasil, a vacina da rubéola não é obrigatória, e essa doença continua sendo uma das mais importantes causas da deficiência auditiva congênita.

atualmente, a mais estudada patologia conseqüente da rubéola. Sua incidência é bastante significativa e os dados da literatura apontam índices que variam entre 50% e 80% dos casos. Afirmam que a perda auditiva parece estar correlacionada à idade gestacional da mãe. (A incidência é maior para o primeiro trimestre gestacional; entretanto, há estudos indicando ocorrências no segundo e até no terceiro trimestre.) Acompanhando ainda as pesquisas de Azevedo e outros, verifica-se que, segundo dados sugeridos pela literatura, predominam as disacusias neurossensoriais, mas a deficiência auditiva pode ser complicada por problemas do conduto auditivo. O grau de perda é, principalmente, severo e profundo, com menor freqüência de perda moderada e leve. Afirmam que o comprometimento é predominantemente bilateral e simétrico, mas, mesmo assim, é importante avaliar os dois ouvidos para escolher a prótese auditiva ótima para a criança. Os estudos audiométricos sugerem que há uma discreta melhora de audição para freqüências agudas nos casos de rubéola congênita. Northern e Downs (1989) registram que também foram relatados casos de surdez central, decorrente de lesões do sistema nervoso central. Givens *et al.* (1993) realizaram uma recente e extensa pesquisa das manifestações oftalmológicas na síndrome rubeólica congênita e assinalam que alguns defeitos continuam a evoluir durante muitos anos após o nascimento.

Confrontando esses dados gerais com os dados médicos do caso de Frederico, observa-se nele um quadro de alterações patológicas ao nascimento bastante característico da síndrome rubeólica. Trata-se quase de um mostruário das possíveis anomalias esperadas como seqüela dessa doença: catarata congênita, com desenvolvimento posterior de glaucoma, aos 6 anos; cardiopatia congênita; baixo peso no nascimento; microcefalia; perda auditiva moderada de tipo neurossensorial; alterações de órgãos internos; retardo de desenvolvimento psicomotor e mental; distúrbios de comportamento desde a infância.

As relações da rubéola com o autismo e as implicações do diagnóstico de rubéola para o caso de Frederico serão discutidas posteriormente (ver capítulo 7), quando se confrontarão explicações sobre o fenômeno *savant* com os resultados do estudo com Frederico.

O atendimento a Frederico: Visão panorâmica

A natureza dos distúrbios em múltiplas áreas exigiu cuidados especiais para Frederico desde o nascimento. Desde pequeno, foi atendido numa clínica de reconhecido padrão em São Paulo, em sessões de fisioterapia, fonoaudiologia e terapia ocupacional. Toda a sua escolarização se deu em instituições de ensino especial e, desde 1987, freqüenta uma oficina ocupacional que atende a jovens e adultos deficientes mentais, onde trabalha em tempo integral.[2]

Na área motora, o relatório médico realizado quando Fred estava com 8 anos registra "atraso neuromotor (andou com 2 anos e meio)"; "alterações motoras globais e incoordenação"; "acentuadas dificuldades motoras apendiculares", além de "baixo desenvolvimento pôndero-estatural".

Constatou-se catarata congênita e Fred foi operado no primeiro ano de vida. Posteriormente, desenvolveu glaucoma e, aos 5 anos, foi necessário retirar o globo ocular esquerdo, colocando-se uma prótese. Apresenta "nistagmo de olhar conjugado extremo à direita". Segundo a mãe, nunca usou óculos.

---

2. É relevante assinalar desde já que, dadas as suas necessidades especiais, Frederico *nunca* esteve inserido no sistema regular de ensino. Quando discutirmos sua produção artística atual, no capítulo 6, perceberemos que, apesar disso, ele se apropriou *informalmente* de uma série de conhecimentos transmitidos como conteúdo formal na escola e os organizou de alguma maneira.

Os relatórios sobre seu desenvolvimento lingüístico, escritos por diferentes profissionais ao longo de sua história clínica e escolar, apresentam dados bastante discrepantes com relação à etiologia de seu quadro de atraso de linguagem e à capacidade auditiva. Vários profissionais relatam a dificuldade de avaliar adequadamente a acuidade auditiva da criança. Diante de sua falta de colaboração, da não compreensão de instruções verbais e de sua resposta efetiva a sons instrumentais, permaneciam dúvidas sobre sua real condição auditiva. Só começou a usar aparelho de amplificação sonora (no ouvido esquerdo) depois de uma avaliação criteriosa solicitada pelos profissionais da Adere. Segundo a equipe, após a adaptação ao uso do aparelho, a comunicação de Frederico melhorou muito, bem como a adequação de seu volume de voz.

Foi atendido em fonoaudiologia a partir dos 2 anos e 8 meses de idade numa clínica bem conceituada de São Paulo, onde houve "diagnóstico de retardo de aquisição de linguagem, sem origem neurológica". Aos 4 anos, após exame audiométrico, constatou-se a necessidade de uso de prótese auditiva, pois "sua comunicação continuava bem falha, prejudicada também pela baixa acuidade auditiva". Por razões não explicitadas, o aparelho não surtiu o efeito desejado e deixou de ser utilizado.

Diante da ausência de fala funcional e do repertório muito limitado de fala espontânea (emitia apenas alguns vocábulos como "neném", "mamãe" e "não"), decidiu-se utilizar um código gestual (SEI), além de cartelas de símbolos pictóricos (sistema Igñativa), quando ele estava com 7 anos. A ênfase num programa gestual e visual de linguagem parece ter possibilitado um avanço na sua comunicação verbal nessa época. No entanto, muitos problemas de articulação fonêmica persistiram e interferem na compreensão de sua fala até hoje.

Como se pode observar na seqüência abaixo, a história de Frederico está pontuada por opiniões discrepantes sobre o seu quadro de linguagem. Isso parece refletir a real dificuldade em realizar uma avaliação audiométrica e de linguagem nos casos de deficiência múltipla – opinião compartilhada por Jure et al. (1991) no seu estudo sobre deficiência auditiva em autistas.

Os relatórios de avaliação efetuados numa grande entidade de atendimento ao deficiente auditivo em São Paulo afirmaram que Fred, "clinicamente ouvinte", aos 8 anos apresentava "uma dispraxia oral de evolução grave, de mau prognóstico quanto à aquisição do sistema fonêmico". No exame foniátrico, registrou-se que Frederico "demonstra ter audição normal ou próxima" e "comprometimento de órgãos fonoarticulatórios". "Sua comunicação oral, em nível de recepção, parece conservada e sua emissão, bastante comprometida, principalmente em nível fonêmico, sendo que sua produção é primordialmente vocálica. Esporadicamente tem produção articulatória com bom padrão." Para a fonoaudióloga, seu quadro é de "distúrbio severo de linguagem comprometendo ambos os níveis: receptivo e emissivo, em todos os aspectos avaliados: fonêmico, morfossintático-semântico". No relatório da audiologista, apesar de não haver dados de testes convencionais, conclui-se que a criança apresenta "audição normal, pelo menos no que se refere a sua audição periférica". A audiometria tonal não foi realizada, por falta de colaboração ("não conseguimos condicionar F. a responder ao som").

É importante levantar esses dados de avaliação da linguagem de Frederico porque foram neles que a equipe de profissionais da Escola Quero-Quero se baseou para programar o seu atendimento. Um diagnóstico menos ambivalente sobre a presença e a natureza do déficit auditivo da criança poderia ter determinado um encaminhamento pedagógico e terapêutico que considerasse como prioritário o desenvolvimento da linguagem ainda durante sua infância.

No entanto, devemos lembrar que, naquela época, ainda era muito forte, nas escolas especiais de São Paulo, a influência da corrente oralista no ensino do deficiente auditivo. A ênfase na comunicação total (e, atualmente, no bilingüismo) é uma conquista muito recente.

Na Associação Educacional Quero-Quero, a linguagem sempre foi considerada o ponto de partida para o desenvolvimento e o ensino. Isso porque essa entidade trabalhava com uma clientela com potencial cognitivo "preservado", mas com sérios distúrbios de natureza neuromotora, que prejudicavam ou impediam a marcha, a manipulação manual independente e a fala. A fonoaudióloga que atendeu Frederico na Quero-Quero, em 1982, concluiu, com base nos dados dos relatórios citados, que a criança apresentava "distúrbios de linguagem: agnosia", mesmo porque conseguia discriminar sons instrumentais. Isso explicaria sua dificuldade na área da linguagem receptiva: não compreendia frases complexas, abstratas ou desvinculadas do contexto presente.

Até 1985, Frederico freqüentou clínicas e escolas que ofereciam atendimento a crianças e jovens portadores de distúrbios neuromotores. A partir dessa época, passou a ser atendido em escolas especiais cuja clientela incluía pessoas diagnosticadas como portadoras de deficiência mental. Por isso, não é de se estranhar (e pode ser significativo) que nenhum dos relatórios de médicos, pedagogos ou terapeutas do prontuário de Fred até (e incluindo) a época de sua permanência na Quero-Quero comente sobre possíveis limitações de natureza cognitiva. Isso sugere que, apesar da grande defasagem lingüística dessa criança e de evidências de distúrbios na área de comportamento social, os profissionais que lhe atendiam não duvidavam de seu potencial cognitivo. Segundo a professora que iniciou o trabalho de alfabetização com Frederico, nunca lhe pareceu que suas dificuldades fossem de ordem cognitiva, quando consideradas as múltiplas deficiências presentes e seu empenho em comunicar-se, além de sua capacidade no desenho e de seu bom desempenho na aprendizagem do conteúdo escolar.

O relatório psicológico, realizado aos 8 anos de idade, salienta aspectos socioemocionais. A profissional constatou dificuldade em realizar uma avaliação completa diante da falta de colaboração de Fred. Esse relatório cita, entre outros dados, a facilidade que Fred apresentava no desenho, mas não aprofunda o tema. Comportamentos de negação, birra e agressividade foram relatados, e a psicóloga indica preocupação com relação a "limites internos", o que resulta em dificuldades de organização e prejudica o desempenho intelectual.

Quando Frederico ingressou na Adere, aos 15 anos, segundo a psicóloga da entidade, houve uma tentativa de avaliar seu nível intelectual, utilizando-se para tanto testes padronizados. Segundo a psicóloga responsável por essa avaliação:

> (...) como [Frederico] não respondeu às questões do WISC (Escala de Inteligência de Wechsler para Crianças), foi utilizado num segundo momento a Escala Terman Merrill (M). Os resultados obtidos, deficiência mental severa (idade mental de 5 a 6 anos), não foram considerados fidedignos de sua real capacidade, pela dificuldade de compreensão das instruções, a pouca colaboração e sua tendência a responder seletivamente aos estímulos apresentados.

É importante lembrar que Frederico já estava alfabetizado na época, demonstrando uma resposta aos testes abaixo de seu desempenho escolar.

Avaliação inicial e trabalho pedagógico na Quero-Quero

Em novembro de 1981, Fred foi avaliado na Quero-Quero. Dos relatórios clínicos e pedagógicos, os seguintes trechos merecem ser destacados:

Em *fisioterapia*:

(...) sua postura é assimétrica, apresentando escoliose e tronco globoso (...). Sua força muscular é deficiente e há retrações de grupos musculares como os isquiotibiais. Em movimentos mais elaborados, como pular sobre cada um dos pés alternadamente, denota incoordenação. Em pequenos esforços físicos apresenta grande cansaço e dificuldade respiratória.

Em *terapia ocupacional*:

(...) mantém a lateralização da cabeça para a direita para compensar o déficit visual. Apresenta razoável coordenação gráfica, realiza modelos gráficos com pontos sem dificuldade. Representa o desenho da figura humana com todos os segmentos presentes, dando até mesmo perspectiva de ação. (...) A criança é sinistra. Apresenta todos os tipos de preensão, com dissociação de cintura escapular, punho e dedos. (...) Atitude – criança imperativa e um pouco voluntariosa; irrita-se com facilidade, torna-se nervosa quando contrariada.

Em *fonoaudiologia*:

Sistema prosódico: apresentou durante testagem apenas as consoantes M/N/L, que foram usadas assistematicamente, pois praticamente todas as emissões são compostas por vogais. Linguagem: o paciente não apresentou estruturação frasal, utiliza-se de substantivos e alguns gestos indicativos. Não compreende ordens simples. Repete ordens, ou melhor, a última palavra, e não executa o que foi pedido. Seu léxico é composto basicamente por substantivos. Não categoriza objetos, pessoas, transportes etc. Seqüência lógico-temporal dos fatos: não consegue ordenar histórias mesmo após modelo. Não consegue contar a história depois de montada, limitando-se a nomear alguns objetos e fazer algum gesto representativo de ação.

Figura 5.1 - "Papai" (9 anos).

Figura 5.2 - Desenho no estilo de desenho animado (9 anos).

Fred freqüentava a Quero-Quero em período integral, na turma de alfabetização. Participava das aulas de artes uma vez por semana, com um grupo de cerca de cinco alunos de sua turma. Na área clínica, era atendido em duas sessões semanais em fisioterapia, terapia ocupacional e fonoaudiologia. Em meados de 1982, passou a freqüentar, no período da tarde, a turma dos adolescentes, que visava ampliar o programa escolar para incluir atividades de vida prática, passeios, jogos, favorecendo a socialização.

O processo de alfabetização de Frederico foi iniciado na primeira escola que freqüentou, com exercícios gráficos para treinar sua aptidão manual e ensinar conceitos básicos. O método aplicado utilizava a associação de figuras a palavras inteiras, escritas em letra de forma maiúscula e posteriormente se passava a frases simples.

Na Quero-Quero, o ensino formal de alfabetização continuou, mas no sistema silábico. O programa de alfabetização e matemática dessa entidade era baseado no material seqüenciado do Método Alfa, desenvolvido por Ana Maria Poppovic para crianças de classes sociais desfavorecidas.[3] Frederico realizou os exercícios de toda a seqüência e foi, então, alfabetizado de acordo com esse método. Hoje, lê e escreve com desembaraço, às vezes até incluindo palavras em outras línguas, como inglês ou francês (ver capítulo 6).

Na aula de artes da Quero-Quero

A Quero-Quero foi a única escola na qual Frederico teve oportunidade de participar de aulas sistemáticas de artes plásticas com professora formada na área – mesmo porque são poucas as entidades de ensino especial no Brasil que oferecem um

---

3. Lembremo-nos de que, naquela época, vigorava a idéia de "prontidão" tanto nas pré-escolas como no ensino especial; assim, a alfabetização envolvia uma seqüência rígida, iniciando-se com o treinamento dos fonemas considerados mais fáceis de emitir, como "pa", "ma". "la").

programa de artes como parte integrante de seu programa pedagógico. Sua aptidão artística já tinha sido reconhecida antes de ser matriculado na Quero-Quero, mas o trabalho semanal sistemático favoreceu a ampliação do repertório temático e o aperfeiçoamento em técnicas diversas, como veremos a seguir.

O que chamava a atenção na produção plástica de Fred era o *tipo* de solução gráfica que ele criava em seus desenhos. Em primeiro lugar, suas figuras não se assemelhavam àquelas características de crianças, conforme descrições de autores que estudaram o desenho infantil (cf. capítulo 4), e por exemplo, sangravam a borda (aparecia metade da figura na borda da folha). Desenhava pessoas de perfil ou em posição 3/4. Às vezes, desenhava na parte de trás da folha, espelhando corretamente todos os detalhes: uma vez, recortou um Papai Noel, desenhando atrás, na posição correta, o saco de presentes, o cinto e o acabamento da túnica, sem precisar virar o desenho para corrigir as posições.

Além de avançadas para a idade (não se esperam imagens de pessoas em perfil ou posição 3/4 aos 8 ou 9 anos), suas figuras eram parecidas com as de desenhos em quadrinhos ou *cartoons*. Algumas eram semelhantes às figuras de Disney, outras, aos desenhos animados da televisão.

Seu ritmo de execução era tão rápido que ele parecia estar traçando um desenho já pronto, sem nem mesmo se remeter ao papel para reavaliar o resultado. Parecia ter os esquemas previamente resolvidos. Ao pintar com guache, preenchia o espaço com tal quantidade de detalhes que estes começavam a se sobrepor, prejudicando o resultado pelo excesso de figuras agregadas. Seu planejamento prévio ficava evidente, pois iniciava com os detalhes e somente ao final é que se percebia que faziam parte de uma cena. Aquilo que parecera ser aleatório era, na realidade, o início da estruturação da figura. Em certa atividade com colagem em fita gomada, Fred inicialmente colocou as formas de papel e somente alinhavou a figura de um rei, com caneta hidrográfica, após terminar a colagem (fig. 5.3).

Figura 5. 3 - Colagem em fita gomada (10 anos).

Além disso, outro aspecto que chamava a atenção era sua utilização de espaço. Embora Fred nem sempre dominasse a relação de tamanho entre as figuras, sabia dispor as mais distantes no alto da página. Utilizava sobreposição sem transparência para mostrar figuras na frente de outras, e, para indicar profundidade, por exemplo, valia-se de algumas regras de desenho em perspectiva (ponto de fuga). Também aplicava certas soluções de tratamento gráfico, ou para diferenciar perto e longe, com texturas, ou simplesmente para garantir interesse plástico.

Mais um aspecto notável nos trabalhos de Fred era a escolha temática. Na época em que foi avaliado na Quero-Quero, seu tema preferido era o circo. Nas duas semanas de avaliação desenhou dezenas de cenas, personagens e animais do circo. Posteriormente, em situação de aula de artes, sua opção por esse tema era tão constante que parecia ser quase obsessiva[4] (cf. p. 182, fig. 5.4).

Mesmo quando eu propunha atividades ou materiais diferentes do usual, ou situações nas quais seria difícil esse tema ser elaborado, Fred conseguia sempre introduzir uma tenda de circo, uma foca ou outro personagem típico. Exceção a essa espécie de regra auto-imposta eram as datas comemorativas que fossem muito significativas para ele. Na época das Olimpíadas, no Dia das Mães, no Natal, na Páscoa, nos campeonatos de futebol e em alguns outros marcos do calendário, Fred espontaneamente realizava desenhos ou pinturas representando aspectos que se referiam à data selecionada. Cabe assinalar que esses esquemas ainda permanecem fortes no seu repertório atual (cf. p. 182, figs. 5.5 e 5.6).

---

4. O circo era um tema tão enraizado em Fred que eu pensava já ter vindo da escola anterior (Jaty) com esse motivo como único. Todavia, em entrevista com a professora que o acompanhou nessa escola, surpreendi-me com a informação de que estava enganada. No depoimento dessa profissional, o palhaço era um entre diversos temas selecionados por Frederico.

Naquela época, minha preocupação como professora de artes de Fred era auxiliá-lo a ampliar seu repertório temático, para que, tendo experimentado outros, pudesse utilizar aquele que respondesse a suas necessidades pessoais de cada momento. Com esse objetivo norteando minha atuação, às vezes, contava histórias que serviriam de estímulo para pintura ou desenho posterior; propunha construção de bonecos para elaboração de pequenas encenações em grupo; oferecia atividades de impressão (gravura), utilizando frutas e legumes para carimbar, preparando matrizes com colagem de papelão, entre tantas outras atividades. Algumas vezes, antecipava sua preocupação com datas comemorativas e propunha uma atividade anterior para discutir em grupo, brincar ou levantar aspectos referentes à data que talvez fossem ignorados pelo grupo. Em algumas situações, cheguei, até, a impor uma regra: pode inventar o que quiser, mas circo *não*. Ele compreendia e buscava outro tema.

Atividades de Frederico em outras escolas

Frederico saiu da Quero-Quero em 1984, por decisão da família. Passou por uma escola especial e posteriormente por uma oficina pedagógica, mas permaneceu por pouco tempo nessas entidades. Desde agosto de 1987, freqüenta uma oficina abrigada (Adere), em período integral, onde realiza trabalhos como: confecção de peças de artesanato com cipó, preparação de papel reciclado, participação no sistema de montagem de peças para convênios com indústrias. Suas aptidões artísticas foram percebidas na oficina quase por acaso e foram estimuladas assistematicamente nas sessões de musicoterapia.

Em casa, continuou desenhando e pintando, priorizando temáticas relacionadas a datas festivas, como as festas juninas, por exemplo. Materiais de boa qualidade – lápis, giz e tintas importados – são fornecidos pela família, que valoriza muito sua produção.

Alguns de seus quadros chamaram a atenção de um senhor norueguês publicitário, amigo da família, que os levou a seu país, para expô-los. Exceto por esse fato, seu trabalho ainda não foi reconhecido. Participou várias vezes da Exposição de Arte realizada pela Apae; em 1991, ganhou o primeiro prêmio, com um desenho a lápis de cor sobre o folclore; em 1993, obteve o segundo lugar com a pintura "Carnaval". No entanto, nunca participou de exposições coletivas ou individuais do circuito regular.

Segundo a mãe, Fred não aceita orientação; apesar de suas tentativas de levá-lo para participar de aulas em cursos formais ou escolas de artes, ele se recusa a seguir qualquer instrução ou orientação formal que interfira em sua escolha de temática ou estilo de execução. A mãe explicou que seus trabalhos são bastante detalhados, realizados com muito cuidado, demoradamente – às vezes, leva vários dias para concluir um quadro, com inúmeras figuras envolvidas em diversas atividades. A mãe pretende enquadrar todos os trabalhos que guardou para expô-los em uma parede de sua sala.

6
DESVENDANDO A PRODUÇÃO ARTÍSTICA DE FREDERICO

Intervenção

A análise da produção atual de Frederico baseou-se nos resultados de um período de um ano de intervenção direta com ele, de junho de 1992 a julho de 1993, inclusive. Além da produção atual, realizada na oficina ocupacional Adere durante o período de atuação direta com ele, a discussão sobre as manifestações plásticas de Frederico reportar-se-á, também, a material realizado no Jaty e na Associação Educacional Quero-Quero, quando ainda criança, bem como aos quadros produzidos em casa. O acesso à produção infantil viabiliza uma análise longitudinal, importante para os propósitos desta pesquisa.

O objetivo inicial de proporcionar as sessões de artes na oficina Adere foi fornecer um contexto de produção artística que tornasse possível observar Frederico no processo de realização de um trabalho gráfico. Sua mãe havia explicado que a atividade de Frederico em casa era irregular: às vezes, passava semanas sem pintar, outras vezes, trabalhava várias noites seguidas até completar um quadro. Diante da irregularidade e também da interferência na vida familiar que um registro em casa certamente traria, resolveu-se que o melhor seria uma observação na Adere. Não estava certa se Frederico se lembraria de mim da época em que freqüentara a Quero-Quero, nem tinha garantias de que ele aceitaria desenhar na minha presença ou permitiria observação de sua atuação.

Na Adere, Frederico foi atendido em grupo. Optou-se por trabalhar com ele em um grupo, porque os profissionais dessa entidade relataram que se mostrava avesso à interferência e à observação de qualquer pessoa enquanto estivesse desenhando; cobria o desenho, negando-se a falar ou mandando o intruso embora. Se fosse atendido em grupo, esperava-se que a presença de uma pessoa que ele não via há vários anos não o incomodaria tanto e que, gradativamente, permitiria uma aproximação.

Respeitando-se a dificuldade de Frederico em lidar com situações novas, aproveitou-se um horário já estabelecido, no qual funcionava a sessão de musicoterapia. Nessa atividade, realizada semanalmente, a musicoterapeuta (que já trabalhava com o grupo há dois anos) muitas vezes propunha que os aprendizes desenhassem; assim, a situação de sessões de artes não era totalmente nova.

Uma média de dez aprendizes integrava o grupo, mas, conforme as atividades desenvolvidas na oficina, às vezes, havia apenas sete pessoas, outras vezes, até 13 participantes do grupo denominado de "ocupacional" ou "residencial". Essas denominações dos grupos caracterizam diferentes desempenhos: o grupo "ocupacional" tem um desempenho "melhor" que o "residencial", cujo desempenho é mais baixo.

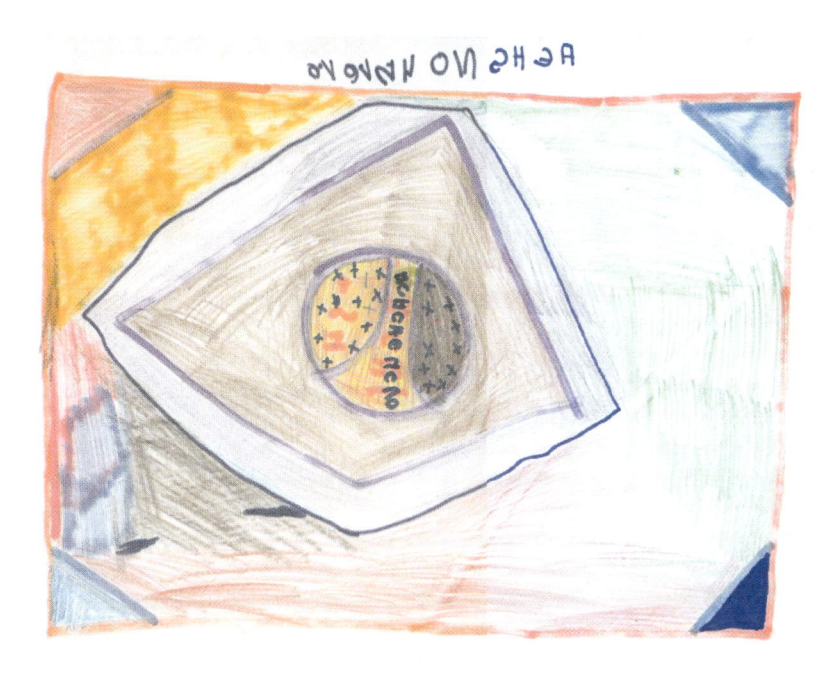

Figura 4.3 - Duas soluções para a bandeira do Brasil, de Maia (acima) e Isabela (embaixo).

Figura 4.4 - Desenhos de Carlos (Carnaval) e Susy (casa).

Figura 4.7 - Festa Junina de Carlos.

179

Figura 4.8 - "Vendedor de Cocadas" de Darcy F. da Cruz.

Figura 4.9 - "Corpus Christi" de Iwao Nakagima.

Figura 4.10 - "Cavalaria de São Benedito" de Carolina Migoto da Silva.

Figura 5.4 -
Desenho de circo (9 anos).

Figura 5.5 -
Papai Noel,
giz colorido (11 anos).

Figura 5.6 -
Ilustração baseada em livro de
Ruth Rocha, "Por nome de Passaredo"
(11 anos).

Figura 6.1 -
"Aniversário" (caneta hidrográfica).

Figura 6.2 -
"Contos de fada"
(caneta hidrográfica).

Figura 6.3 -
"Terra do Cairo"
(caneta hidrográfica).

Figura 6.4 - "Amostras da mídia" (lápis de cor).

Figura 6.5 - "Barcelona" (caneta hidrográfica).

Figura 6.6 - "Brinquedos" (caneta hidrográfica).

Figura 6.11 - "Batman" (pintura a guache sobre papel reciclado).

185

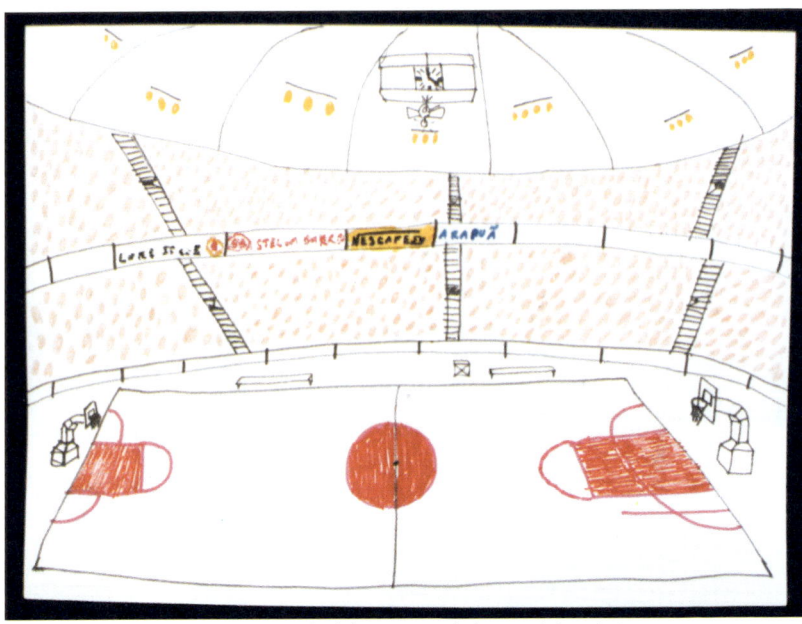

Figura 6.12 - "Quadra de basquete", inacabado (caneta hidrográfica).

Figura 6.13 - "Filmagem do Xou da Xuxa" (giz pastel).

Figura 6.14 - "Copacabana 100 anos em Rio" (colagem em papel reciclado).

Figura 6.15 "Calendário" (giz de cera aos 10 anos).

Figura 6.16 - "Desenho de mapa" (caneta hidrográfica aos 12 anos).

Figura 6.17 - "Palhaço no circo" (giz colorido aos 11 anos).

Figura 6.18 - "Exploradores" (giz pastel).

Figura 6.20 - "Xou da Xuxa" (pintado em casa a guache).

Figura 6.22 - "Egito", desenho de Maluf.

Figura 6.24 - "Carnaval" (guache).

Figura 6.27 - Desenho de Tolstói, baseado no desenho "Dois mascotes", de Fred.

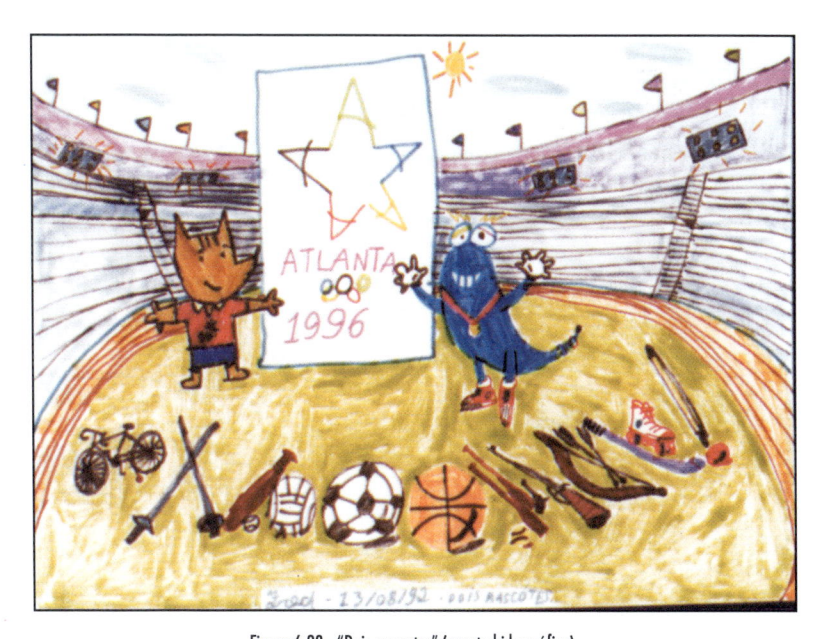

Figura 6.28 - "Dois mascotes" (caneta hidrográfica).

Figura 7.1 - Pintura de Frederico. Ilustração para o poema "Ilha do Pavão" de Sérgio Caparelli.

Na situação de artes, a diferenciação aplicava-se à possibilidade de realizar desenhos figurativos *versus* produção não-figurativa ou figurativa num nível bastante primitivo (embora isso não signifique que não era interessante).

Frederico era o único membro permanente do grupo. Os outros participavam num esquema de rodízio flexível, a critério da musicoterapeuta e/ou de solicitações específicas dos aprendizes que quisessem participar naquele dia. À medida que percebi algo a respeito da dinâmica de Frederico com seus colegas, procurei trazer para a sessão, com maior freqüência, pessoas que buscavam interação mais efetiva com ele.

As sessões duravam cerca de duas horas e meia, estendendo-se um pouco mais em algumas situações, conforme a etapa na qual Frederico se encontrava em determinado trabalho. Muito assíduo, faltou uma única vez durante todo o período. No entanto, era um hábito seu o de demorar muito para iniciar as atividades quando chegava à oficina pela manhã. Por isso, era freqüente que começássemos sem ele e que, quando aparecia na sala, causasse alguns transtornos na organização do espaço.

Embora o espaço fosse amplo, foi preciso que nos adaptássemos às condições de mobiliário existentes. Havia uma mesa grande, que favorecia oportunidades ricas para interação. No entanto, Frederico era encaminhado para uma das mesas menores e mais estáveis, de tampo de fórmica, onde podia trabalhar com menos interferência.

Como primeira medida, solicitou-se um material de melhor qualidade, o que permitiu mostrar que a riqueza da produção artística, não só de Frederico mas de qualquer integrante do grupo, estava diretamente relacionada à qualidade do material oferecido. A entidade investiu em pincéis de variadas espessuras e graus de maciez, guache, canetas hidrográficas finas e grossas, lápis de cor mais macios, giz pastel, papéis coloridos para colagem, bem como folhas de suporte maiores e de melhor qualidade.

Utilizamos também folhas de papel reciclado, preparadas na própria oficina. Frederico, em diversas ocasiões, trabalhou com um material diferenciado: aquarela, guache de fabricação japonesa, lápis de cor tipo aquarela e, no último mês, material para xilogravura.

    As sessões foram filmadas em videotape. Em vez de câmera fixa, utilizou-se câmera móvel, o que permitiu o registro de todos os integrantes do grupo e a aproximação do foco em determinados detalhes gráficos, tanto dos trabalhos de Frederico como dos de seus colegas. Com a rotina de uso desse instrumento de registro, a câmera passou a ser aceita com naturalidade, funcionando quase como anexo da presença da pesquisadora. Filmaram-se todas as sessões, com exceção da primeira e da última, triando-se os momentos mais significativos. Buscou-se documentar: a seqüência de produção de cada desenho, pintura ou colagem de Frederico (organização inicial de espaços na folha, etapas de elaboração intermediária e finalização); a fala de Frederico a respeito de seu trabalho; o processo de produção artística dos outros componentes do grupo e suas falas sobre a produção ao finalizá-la; as interações verbais ou gestuais espontâneas entre Fred e seus companheiros e interações instigadas pela pesquisadora; os episódios que demonstrassem o interesse de Frederico por imagens visuais de qualquer tipo; os episódios de estereotipias, como balanceios, por exemplo, do comportamento do sujeito.

    A filmagem era interrompida em dois tipos de situações: diante da necessidade de preparar ou entregar algum material, demonstrar ou explicar algo diretamente a Frederico ou a algum de seus colegas; e quando a filmagem se mostrava invasiva ou, por exemplo, interferia na espontaneidade de Frederico e/ou de seus colegas.

    Embora o foco fosse Frederico, todos foram filmados, e uma rotina estabeleceu-se logo nas primeiras sessões. À medida que cada um terminava seu trabalho, chamava a filmadora para contar algo do que tinha representado. Segue-se um exemplo típico desse processo:

> Maluf: Tá pronto.
> L: Mostra um pouquinho, conta um pouco do seu trabalho.
> M: (limpa a garganta) Bom, eu fiz um tipo de paire steite[1] parecido com o de Miami.
> L: De o quê?
> M: Paires steite.
> L: Um enfeite?
> M: É "paire steite".
> L: Sei.
> Fred: Xô, vê Malufa. Xô, vê Malufa. Xô, vê Malufa.[2]
> M: Aqui, Fred.
> F: Quem é?
> M: É o Paire Steite, igualzinho o daqui de Miami.
> F: De Miami, lá na Flórida.
> M: Frederico.
> F: Lá na Flórida.
> M: É.
> F: Ao lado de Orlando. Orlando.
> M: Igualzinho um hotel.
> F: Hotel.
> M: Hotel cinco estrelas.
> F: Hotel cinco estrelas lá em Miami.
> M: É, Frederico.
> F: Miami, ao lado da Disneylândia.

---

1. Ele se refere ao *Empire State*, em Nova York. Embora a pesquisadora não tenha compreendido o termo naquele momento, Frederico se interessou pelo assunto e pela imagem.
2. Uma transcrição fonética da fala de Frederico resultaria num diálogo muito artificial e penoso para o leitor. Optou-se por realizar um quadro fonêmico (Anexo I) e transcrever a fala como é "adivinhada" pelo ouvinte.

M: Seu Frederico...
F: Ih, ih, ih...
L: Conta mais pra ele.
M: Aqui, é um balanço, uma janela, um gato e uma escola. Frederico!
F: Ih, ih, ih, ih (fala ritmicamente).
L: Que que você achou, Fred?
(Frederico volta para seu lugar)
M: Ele achou ótimo.
L: Você gostou?
M: Ele achou ótimo.
L: Ele achou ótimo? Então 'tá bom. E agora, o que você vai fazer?
M: Agora, não cabe mais, né?

À medida que os trabalhos se desenvolviam, a interação de Frederico com os colegas ia se mostrando mais natural e tornou-se evidente que seus companheiros eram um rico canal de acesso a ele. Por intermédio deles, Fred passou a atender melhor às propostas da pesquisadora e começou a colaborar quando eram solicitadas tarefas específicas – algo que, nos primeiros meses, não resultava em nada.

Apoiar-se nos companheiros de Frederico para mediar a comunicação resultou de, pelo menos, dois fatores. O primeiro foi o problema de comunicação que Fred apresenta: sua articulação é muito prejudicada (ver quadro fonêmico no Anexo I) e sua fala é de difícil compreensão. Os colegas, mais acostumados com ela, conseguiam entendê-lo melhor. Além dos problemas articulatórios, Fred também apresenta deficiência auditiva moderada e, assim, sua compreensão da fala do outro também está comprometida. Alguns companheiros se mostraram muito eficientes ao falar com Fred em tom apropriado, direcionando a voz para o seu ouvido esquerdo, menos afetado.

O segundo fator para o apoio dos companheiros de Fred foi a interferência da filmadora. Embora a maioria dos componentes do grupo não se incomodasse em mostrar seu trabalho para a pesquisadora, falando para a filmadora/pesquisadora como uma unidade, o aparelho parecia prejudicar a comunicação com Frederico, ao menos durante as primeiras sessões. Assim, muito naturalmente, aconteceu solicitar-se a algum colega que fizesse o papel de perguntar sobre seu trabalho, quando ele o estava terminando:

L: (fala para Frederico) Explica pro Maluf o que você fez aí. Maluf?
M: O que cê fez, Fred?
(Fred aumenta o volume do aparelho)
M: Fred, o que cê fez?
F: Os estandartes da cidade. Reino enfeitiçado.
M: Reino?
F: É.

Devemos salientar que, embora não se tenha previsto trabalhar com dados de interação verbal, mesmo porque não se conhecia o grupo a ser atendido, tais dados foram registrados em vídeo pois, desde a hipótese inicial, pretendia-se estudar a relação entre linguagem e desenho no processo de produção artística de Frederico. Considerava-se importante confrontar a hipótese de Lorna Selfe (1983), para quem a produção "anômala" poderia se desenvolver em certos indivíduos cuja linguagem verbal fosse extremamente prejudicada. Assim, dois tipos de interação foram sistematicamente registrados em vídeo: interação verbal relacionada à produção gráfica de Frederico, iniciada por alguém do grupo e interação verbal resultante do interesse de Frederico em ver o que algum colega estava fazendo (desenhando, pintando). Não foi realizada análise com tratamento quantitativo desses episódios de interação, mas não surpreenderia a ninguém saber que os episódios iniciados por Frederico eram muito menos freqüentes que os iniciados por seus colegas.

As propostas das sessões de artes eram organizadas de forma bastante livre, promovendo-se o uso de materiais variados (para produção no plano bidimensional) sobre suportes de tamanhos variados. Visava-se levantar o repertório gráfico de Frederico, descobrir as fontes de suas imagens e observar seu processo de planejamento espacial na elaboração das etapas de seu desenho. Pretendia-se também investigar suas limitações e dificuldades, verificando o quanto ele aceitaria instrução. Isso era fundamental, pois se considerava a possibilidade de sua profissionalização na área de artes.

Depois de um período inicial de adaptação, no qual se trabalhou sem propostas temáticas e se priorizou o estabelecimento de um vínculo de confiança, foram realizadas algumas sessões específicas com o grupo, nas quais foram solicitadas respostas gráficas para palavras determinadas (desenhos com e sem modelos). Foi proposto (para o grupo todo) o desenho de objetos muito conhecidos, de uso cotidiano, mas que exigem alguma compreensão de aspectos estruturais ou mecânicos para uma "boa" representação gráfica, seguindo-se a mesma conduta de Van Sommers (1984) na escolha dos objetos. Todos os desenhos desse tipo foram realizados utilizando-se caneta hidrográfica fina de cor preta, para uniformizar os resultados. A seqüência da testagem formal foi: 1) um sapo; um telefone; um relógio (sem modelo); 2) uma lâmpada; um tênis (com modelo); 3) uma bicicleta (sem modelo).

Na pesquisa de Van Sommers, foi solicitado o desenho de um jacaré. Optamos pelo desenho de um sapo, porque havia uma figura de sapo entre os desenhos infantis de Frederico. Além disso, como tanto o sapo quanto o jacaré são animais raramente *vistos* de perto, os desenhos desses bichos geralmente se apóiam em imagens de livros infantis ou em outras fontes visuais. O telefone e o relógio foram incluídos pelo fato de constarem representações desses dois objetos entre os desenhos infantis de

Frederico. É interessante perceber nesses desenhos infantis que, apesar da evidente dificuldade no planejamento espacial (não cabem todos os números na representação do objeto relógio), já aos 8 ou 9 anos de idade Frederico havia respeitado a direção correta para os números, ou seja, direção horária para o relógio e anti-horária para o telefone. Ao retomar o tema, pretendia-se verificar se, aos 20 anos, Frederico conseguiria colocar os números na direção correta em cada objeto.

Além disso, numa sessão ao final do período de intervenção, solicitaram-se de Frederico, individualmente, quatro desenhos que exigiriam uma representação mais imaginária, metafórica ou simbólica. O objetivo era verificar se se confirmava, no caso de Frederico, a afirmação de outros autores sobre a falta de evidências de pensamento imaginário e abstrato nos artistas *savants*. Os desenhos foram solicitados em seqüência, com o apoio de instrução por escrito, para garantir a compreensão do pedido. Os temas propostos foram: um mundo fantástico; o mundo dos dinossauros; um homem engraçado; um sonho.

Em suma, a produção artística de Frederico foi coletada, principalmente em situações de sessões livres, e também em sessões motivadas por conversas espontâneas no grupo, relacionadas ao desenho de um dos integrantes, em sessões de testes de repertório específico, em sessões de avaliação técnica, que visavam preparar Frederico para ilustrar um texto ou pintar uma tela (já na direção da profissionalização).

Resultados

Os resultados deste estudo são relativos às sessões de intervenção com Frederico na Adere, mas os dados são complementados por desenhos e pinturas de sua infância, bem como pela produção realizada em casa; também serão apresentados resultados referentes à atuação plástica de outros integrantes do grupo da Adere.

Os resultados incluem questões referentes a: temática; representação espacial; origens das imagens pictografadas; tratamento das imagens emprestadas de outras fontes (fidedignidade na "cópia" *versus* criatividade na referência); desempenho técnico; relações entre linguagem verbal e léxico visual; noções de estética e talento do ponto de vista dos integrantes do grupo; aspectos socioafetivos.

Temática/repertório

Amplitude do repertório – Ao analisar o conjunto de trabalhos de Frederico, percebe-se quase imediatamente ser possível incluir toda a sua produção sob um guarda-chuva temático único, que pode ser denominado de "eventos". Cenas de festas populares, como o Carnaval e a festa de São João, cenas esportivas, como um jogo de futebol, basquete ou campeonato olímpico, eventos culturais, como um conjunto de chorinho num bar, um *show* de rock, o *show* da Xuxa, uma encenação teatral, representações de personagens de filmes e de histórias infantis e juvenis, são exemplos ilustrativos disso.

Às vezes, sua produção chega a ser metalingüística, ou seja, representa uma representação: um desenho de uma encenação teatral (no Teatro Municipal) da chegada dos exploradores ao Novo Mundo; um desenho de amostras de veículos de comunicação, incluindo um jornal, um cartaz, um disco, uma revista etc.; e um desenho em pastel sobre a filmagem do "Xou da Xuxa".

Ressalte-se que a produção artística, cuja temática referese a eventos como os citados acima, está intimamente ligada ao calendário. Basta olhar as datas em que Frederico realizou muitos de seus trabalhos para comprovar isso:

a) "Barcelona 1992" (4/8/1992), "Dois mascotes" (13/8/1992) e "Quadra de basquetebol" (agosto de 1992), realizados na época dos Jogos Olímpicos;
b) "Os exploradores" (14/9/1992), desenho realizado um mês antes da data do descobrimento da América;
c) "Primavera" (21/9/1992), desenho realizado no início dessa estação do ano;
d) "Trio elétrico", "Carro alegórico" e início do quadro "Carnaval" (fevereiro de 1993);
e) "Festa de São João" (7 e 21/6/1993), desenho realizado no período junino;
f) "Opções para as férias" (6/7/1993), desenhado antes das férias.

Frederico não só se mostrou influenciado pelas datas do nosso calendário, mas também teve muita dificuldade em aceitar o pedido de desenhar algo relativo ao calendário numa época que não fosse compatível com determinada data. Por exemplo, depois de ter realizado alguns "estudos"[3] para um grande quadro sobre as escolas de samba, na época do Carnaval, ele resistiu a iniciar o trabalho na folha definitiva, depois de passada a data, dizendo: "Carnaval já passou!" Aceitava trabalhar com determinada temática em preparação para uma data, mas, uma vez passado o evento, iniciava novos empreendimentos. Isso lembra um pouco as atitudes que podemos observar nos meios de comunicação, principalmente a televisão e o rádio, que são regidos por um apelo ao consumo também no que diz respeito aos cronogramas de publicidade: antes da data em questão, ocorre um bombardeio

---

3. Cabe apontar que Frederico provavelmente não considerou uma série de desenhos "menores" como estudos, e sim como desenhos acabados, como os outros.

de informações e comerciais sobre o fato e, após, mais nada se fala a respeito.

Entre as datas que chamam a atenção de Frederico, encontram-se as festas de aniversário de seus colegas. No exemplo abaixo, percebe-se seu interesse pelo assunto quando Maluf anuncia a festa que vai realizar.

Maluf: Segunda é feriado, mas terça-feira vou trazer bolo.
Cássio: É, tô sabendo.
Frederico: Segunda-feira que vem é feriado.
M: Mas sexta-feira vou trazer bolo para o aniversário meu.
Indira: Sexta-feira?
F: Vai fazer festa aqui, Maluf?
M: É, seu Frederico. (Maluf fala perto do ouvido de Fred.)
F: Vai fazer festa... Vai fazer a festa dia 9, hein?
M: É, seu Frederico.
F: Vai comemorar uma festa de aniversário?
M: É, seu Frederico.
F: Uma festa dos baixinhos.
M: O meu aniversário, seu Frederico.

Alguns desenhos foram estimulados por temáticas geradas na própria situação da intervenção. O desenho "Aniversário" foi realizado atendendo ao pedido da musicoterapeuta para o grupo preparar cartazes para a festa de 20 anos da Adere. Frederico desenhou uma festa de aniversário; disse não ter incluído o aniversariante, mas colocou "o pai *dele*" lendo jornal numa poltrona, sugerindo que se tratava de um aniversariante genérico. (Note-se a qualidade abstrata, conceitual, dessa verbalização, em contraste com a representação bastante concreta de um aniversário.) (cf. p. 183, fig. 6.1).

O desenho sobre os personagens de contos de fadas foi gerado em seguida a um exercício de desenho, quando se solicitou que os integrantes do grupo desenhassem um sapo, um telefone e um relógio (instruções faladas antes de cada desenho). Frederico não compreendeu a instrução oral, e só começou a desenhar depois que se escreveu a palavra "sapo" para ele. Ele desenhou o sapo e disse: "Sapo vira príncipe." O seu sapo, de fato, está paramentado como príncipe. Quando terminamos o exercício e começamos as atividades livres, Frederico iniciou uma seqüência de figuras de contos de fadas (cf. p. 183, fig. 6.2).

O desenho "Terra do Cairo"[4] também teve sua temática estimulada por uma situação que aconteceu nas sessões de intervenção. André, um jovem integrante do grupo, conhecido pelos caprichados desenhos de dinossauros, veio mostrar seu trabalho assim que terminou. Maluf, que gostou do desenho de André, começou a falar muito naturalmente sobre dinossauros e povos antigos, elaborando seu discurso com informações sobre os egípcios (cf. p. 183, fig. 6.3). Sua fala foi tão rica que propusemos que o tema fosse motivo de desenho na semana seguinte. Embora Frederico não tenha participado da conversa diretamente, mostrou que estava prestando muita atenção a ela, pois, ao final da longa fala, quando seu colega Maluf avisou que iria viajar para o Egito, ele disse: "Vai pro Egito, depois volta", revelando, talvez, sua preocupação com a separação desse seu companheiro mais amigo:

> "Maluf: Olha que lindo! (referindo-se ao desenho de dinossauros do André) É, na pré-história é que... tem o primeiro animal...
> L: Hum...
> M: Mais grande, com tromba e bonito – mamute... mamute. Dinossauro é um pássaro que chama picterodáutero.

---

4. Frederico atribuiu nomes a alguns de seus desenhos. São eles: "Terra do Cairo", "Barcelona", "Brinquedos", "Batman", "Copacabana 100 anos em Rio" e "Exploradores". A denominação das outras figuras são da autora.

L: Nossa, que nomão!
M: É pássaro gigante.
Miriam: Não. É pássaro pequeno.
Maluf: E tem bastante homens da caverna.
L: Homens da caverna também?
Maluf: Tiranossauro.
L: Hum...
Maluf: E tem o ancestral do touro.
L: Qual é?
Maluf: É o javali. Ele tem uma cauda comprida e umas patas, um negócio pra (mostra as costas)... Aí ele vai...
L: Ô, Maluf, você sabe muita coisa, você poderia desenhar um dia. Vamos fazer isso semana que vem?
Maluf: Ah, sim. Vamos sim.
L: E o condor que você falou? O condor?
Maluf: Ah, o condor é o ancestral do picterodáutero.
L: Hum...
Maluf: Tem o bico que nem um gancho.
L: Hum, legal, né? Você sabe essas coisas também, Elisete? O Maluf tá sabido de pré-história, né? Ele podia dar umas aulinhas pra gente.
Maluf: Mas tem uma coisa...
L: Hum?
Maluf: Em quatrocentos novecentos noventa e quatro, a primeira pirâmide do Egito...
Frederico: (ininteligível)
Maluf: É, sim, Fred. Os primeiros faraós que existiam no Cleops...

Essa temática permitiu que, nas sessões de artes, introduzissem-se funcionalmente imagens visuais como fonte de referência sobre o Egito. Com isso, pôde-se observar diretamente como Frederico utilizava imagens presentes em outras fontes para suas próprias composições.

No conjunto, desenhos e pinturas de Frederico demonstram larga amplitude de repertório. Quando Luria escreveu seu clássico estudo sobre o mnemonista S. (Luria 1968), logo concluiu que definir os limites quantitativos de sua habilidade mnemônica era um empreendimento irrelevante diante do desempenho fenomenal de sua memória. Considerou sua capacidade praticamente inesgotável e preferiu investir na natureza da memória de S., examinando seu desempenho de uma perspectiva qualitativa, além de investigar como a habilidade extraordinária de S. afetava sua personalidade e seu dia-a-dia. O estudo, organizado em dois grandes blocos, discutia de início os aspectos positivos da função cognitiva de S. e, num segundo momento, os prejuízos que a memória fundamentalmente imagética de S. ocasionava em sua vivência diária.

Tendo esse estudo como referência, vemos que, com Frederico, também podemos concluir algo semelhante: seu léxico gráfico é muito vasto. Desenha objetos da vida cotidiana, animais, personagens, figuras em ação, lugares, veículos de transporte etc. Seu repertório é tão vasto que parece irrelevante medir a quantidade de objetos e cenas que ele seria capaz de desenhar de memória (sem recorrer a nenhuma referência visual como apoio). Em vez disso, parece-nos mais pertinente analisar suas soluções gráficas de outra perspectiva analítica, investigando de que maneira ele organiza tais imagens, além de tentar descobrir quais as fontes de seu léxico visual e como seus esquemas visuais estão relacionados à linguagem.

Uma análise temática – Ao observar a produção na Adere, no período citado, torna-se evidente que Frederico recorre a dois modelos de solução semântica: cenas e não-cenas. Ou seja, em alguns trabalhos, produziu o equivalente gráfico de uma listagem verbal, ao passo que, em outros, organizou as imagens num contexto. São exemplos de não-cenas os seguintes desenhos e pinturas, entre outros: "Contos de fada" (desenho com caneta hidrográfica), "Amostras da mídia" (desenho com lápis de cor), "Barcelona" (pintura a guache sobre papel reciclado) e "Brinquedos" (desenho com caneta hidrográfica) (cf. respectivamente pp. 183-185, figs. 6.2, 6.4, 6.5 e 6.6).

Todos os outros trabalhos podem ser classificados como cenas, mesmo que contenham agrupamentos de objetos, como veremos adiante (doces na mesa, em "Festa Junina"; objetos utilizados em esportes, no desenho "Dois mascotes").

Em todos os desenhos de não-cenas, Frederico opta por uma temática ou categoria e representa todos os elementos possíveis, ou melhor, todos os que cabem naquele espaço. Assim, no desenho "Amostras da mídia" (fig. 6.4), ele incluiu: disco, pôsteres de Madonna, de Michael Jackson, do grupo Polegar, dos New Kids, das Paquitas, do Skid Row e da Xuxa, uma entrada para um *show*, um diploma, uma revistinha, um jornal, a revista *Times*, a *New Yorker*, a revista *Veja*, além de um caderno de autógrafos com caneta.

No desenho "Dois mascotes", prevendo as Olimpíadas que ainda iriam se realizar em 1996, ele listou uma bicicleta, espadas de esgrima, um taco e uma bola de beisebol, uma bola de futebol, uma bola de vôlei, uma bola de basquete, uma bola de hóquei, um patim e uma vara para salto.

Nos "Contos de fada" (fig. 6.2), ele incluiu as histórias *Peter Pan, A Bela e a Fera, O Mágico de Oz, Cinderela, Alice no País das Maravilhas, O sapo que virou príncipe* e *Branca de Neve*. Cada referência exigiu a representação de personagens-chave, o que já constitui outra listagem. Assim, por exemplo, Alice vem acompanhada do coelho com o relógio, do guarda da Rainha de Copas e do Chapeleiro Maluco; Branca de Neve tem seus sete anões, Dorothy está com o Leão, o Espantalho e o Homem de Lata; Peter Pan está acompanhado da Sininho e do Capitão Gancho. É interessante lembrar que quase todos esses contos foram produzidos como filmes para cinema e houve veiculação recente no caso de *A Bela e a Fera* e *Hook*, que prolonga a história de Peter Pan. Assim, Frederico provavelmente teve acesso a tal repertório por meio da televisão, do jornal e do cinema, e não em contos de fada lidos para ele quando ele era criança.

Comprovou-se que o repertório gráfico de Frederico revelava-se sempre figurativo, de natureza bastante concreta, como é o caso dos outros artistas *savants*. Por isso, decidiu-se solicitar um desenho imaginativo, que estimulasse uma atuação mais metafórica. Essa sessão ocorreu como um epílogo, no último dia da intervenção, após uma conversa sobre a sua ida para Manaus (visitaria o pai nas férias de julho) e também em razão da viagem iminente da pesquisadora, que passaria seis meses na Inglaterra.

O primeiro desenho solicitado foi "Um mundo fantástico". Frederico desenhou uma cena mais caracterizada por estereotipias do que por fantasia. Sua solução gráfica é muito parecida com outros desenhos já realizados na oficina e em casa.

Para que ele se aprofundasse mais na idéia de mundos desconhecidos, solicitou-se em seguida o desenho "O mundo dos dinossauros". Esse desenho novamente revelou a atenção de Frederico para assuntos e imagens presentes na mídia. Sem a referência do objeto real, uma vez que evidentemente os dinossauros não podem ser vistos, ele foi levado a apropriar-se de imagens veiculadas no seriado "Família Dinossauro", incluindo o Baby e o Bobby, ao lado de outras espécies que não estão presentes nesse seriado.

Em seguida, pediu-se a Frederico um desenho de "Um homem engraçado", buscando verificar se ele introduziria um elemento absurdo ou humorístico nessa representação. Ele disse: "Homem engraçado... piada... comédia..." Logo após, elaborou uma cena de teatro, com elementos de pastelão e de dança (um homem com a boneca tipo "Nega Maluca"). Não desenhou um homem engraçado, mas, sim, uma cena de teatro, mostrando onde as pessoas vão para dar risada.

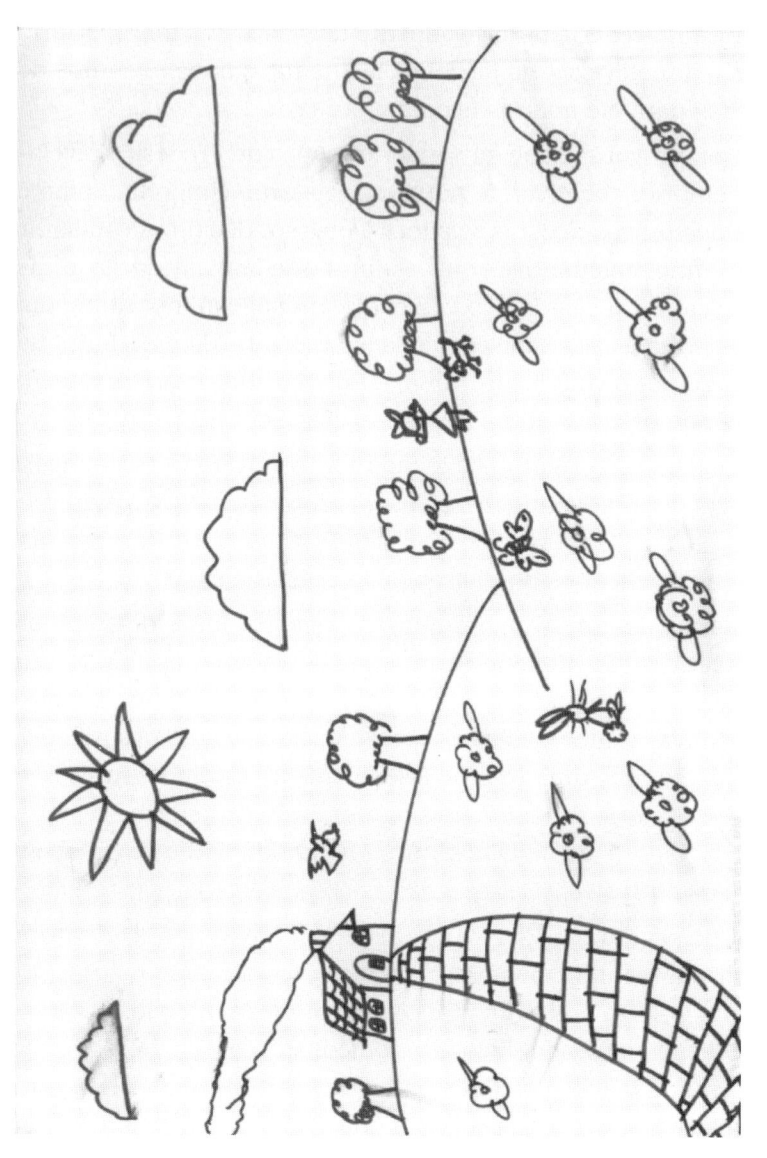

Figura 6.7 – "Um mundo fantástico" (caneta hidrográfica).

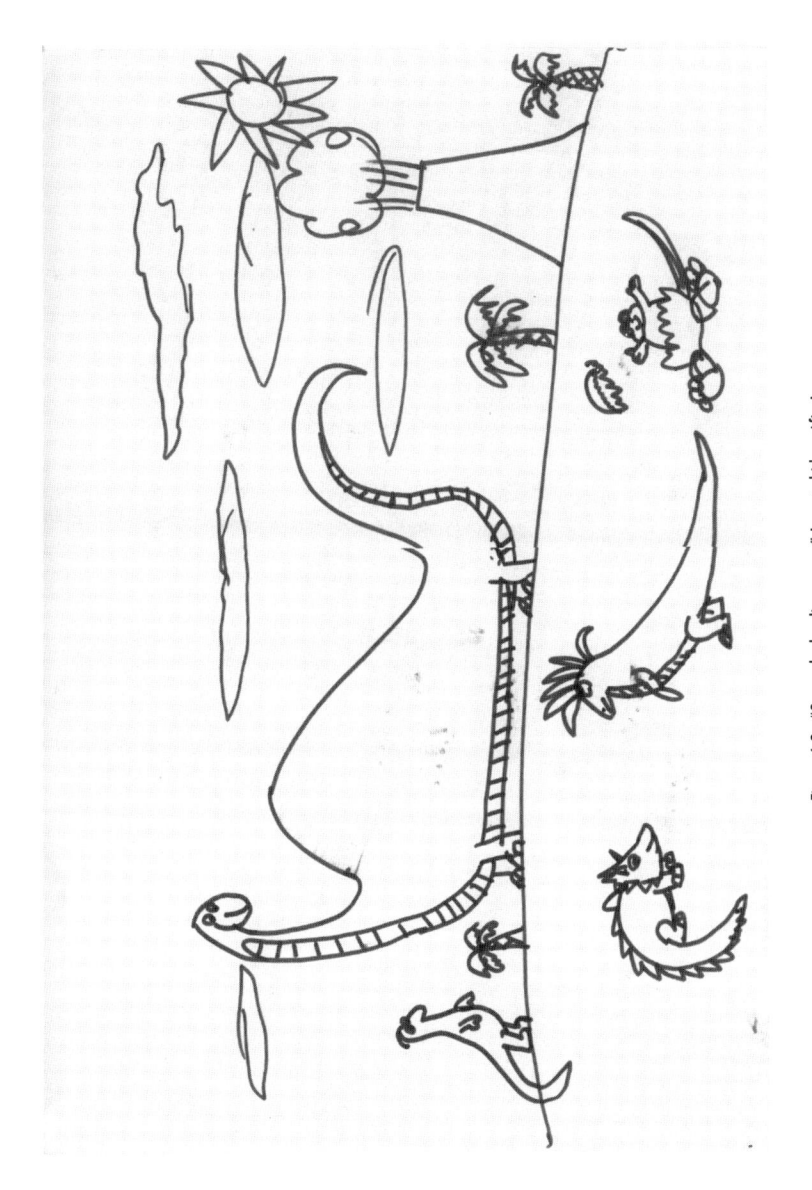

Figura 6.8 – "O mundo dos dinossauros" (caneta hidrográfica).

Figura 6.9 – "Um homem engraçado" (caneta hidrográfica).

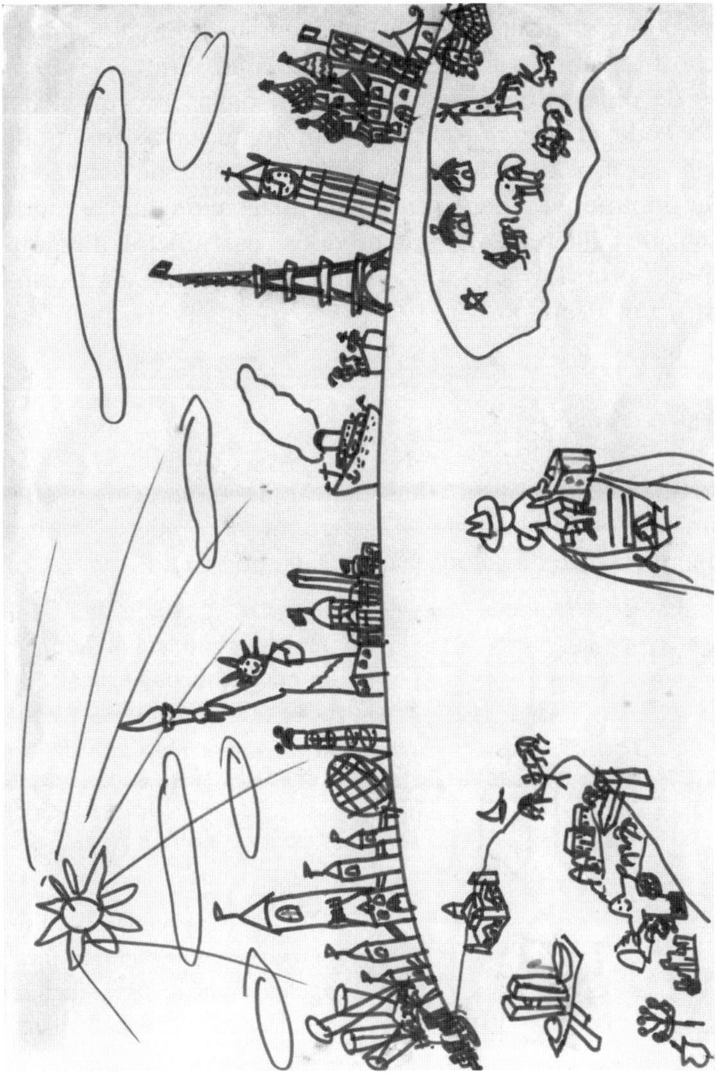

Figura 6.10 - "Um sonho" (caneta hidrográfica).

A última proposta dessa seqüência foi solicitar o desenho "Um sonho" (fig. 6.10). O resultado foi interessante por diversas razões. Apesar da utilização de um recurso de linguagem da ilustração freqüente nas agências de turismo, Frederico apropriou-se de uma solução bastante adequada para o problema proposto. Pode-se dizer que ele representou um sonho no sentido de desejo – o desejo de viajar. Ao incluir aquele que sonha em conhecer o mundo, Frederico carrega a imagem de um conteúdo simbólico que o diferencia de sua produção costumeira. (Pergunta-se se ele próprio não seria o caboclo que parte para uma aventura num pequeno bote.) É o único trabalho de natureza metafórica produzido por Frederico.

Representação espacial

Ao analisar o conjunto de seus trabalhos, percebe-se que, numa análise do produto global (interfiguras), Frederico utiliza um número restrito de soluções espaciais, que são:

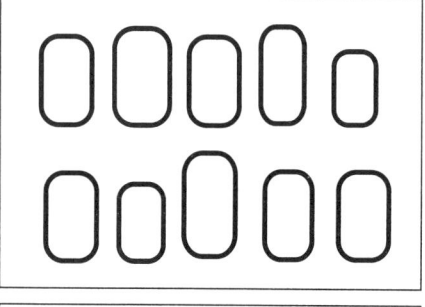

a) disposição lado a lado, em paralelo com as bordas;

b) ocupação global sem sobreposições, com figuras inclinadas, como se tivessem sido aleatoriamente espalhadas;

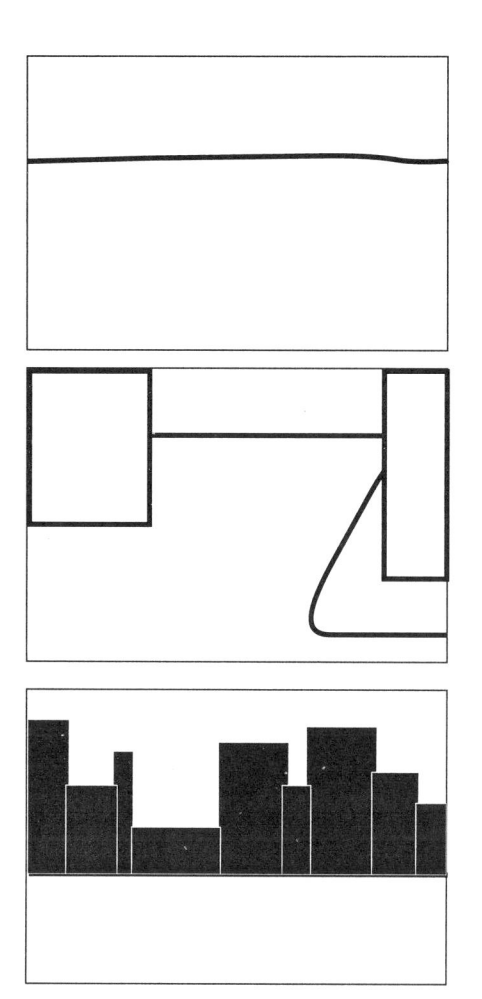

c) cena frontal, com separação de fundo (linha do horizonte em paralelo com a base);

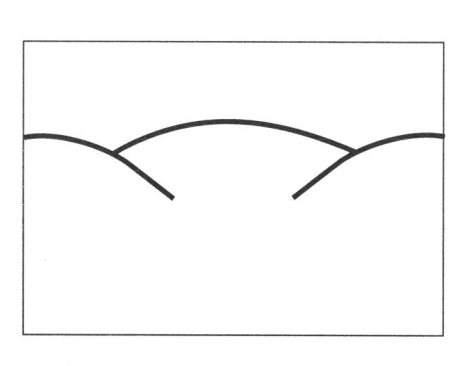

d) cena frontal, com separação de fundo (linha do horizonte em curvas ou morros) para paisagens;

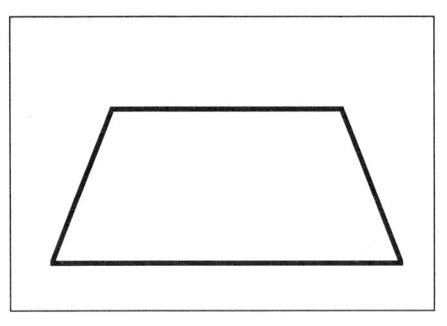

e) cena frontal, com piso em trapezóide;

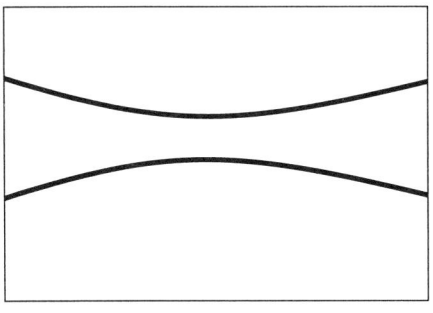

f) cena em três segmentos, com perspectiva semicircular convexa para área frontal, côncava para o fundo e intermediária definida pelo espaço restante;

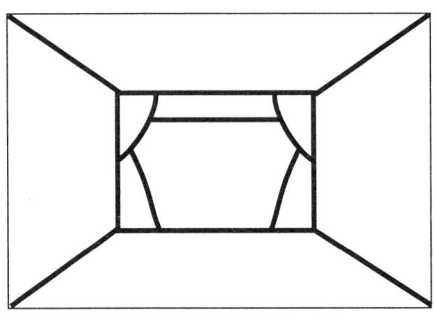

g) solução mista.

    Ao iniciar um desenho ou pintura, os primeiros traços definem o espaço, separando com a linha do horizonte as figuras ancoradas no chão da área de fundo. No desenho "Terra do Cairo" (p. 183, fig. 6.3), por exemplo, Frederico iniciou com o traço que definiu os morros de areia. No desenho "Exploradores" (p. 189, fig. 6.18), definiu o espaço do palco em primeiro lugar.

As duas primeiras soluções são utilizadas para os desenhos de figuras avulsas (não-cenas), e uma das outras cinco estratégias é selecionada para a estruturação de cenas. A solução "c" é a mais freqüente, e serve de suporte para cenas urbanas e interiores (cf. p. 185, fig. 6.11).

Opta pela solução "f" para cenas em espaços circenses e estádios (cf. p. 186, fig. 6.12).

O uso combinado do oblíquo com soluções do tipo "c" cria ilusão de movimento, o que enriquece com recursos mais sofisticados a facilidade de tal solução, como se vê na figura "Filmagem do Xou da Xuxa" (cf. p. 186, fig. 6.13) e em "Copacabana 100 anos em Rio" (cf. p. 187, fig. 6.14).

Apesar do uso de perspectiva em alguns segmentos do trabalho, a solução "c" leva Frederico a chapar o fundo de seus trabalhos. Isso é particularmente evidente no desenho "Aniversário", em que a poltrona e o aparelho de som recebem um tratamento que sugere ilusão tridimensional, mas o resto do mobiliário é chapado contra a parede. Uma solução freqüente é a silhueta da cidade, que faz parte integrante da solução "c", e resolve o problema do que fazer com o fundo.

As estratégias que Frederico utiliza para designar a profundidade são a oclusão parcial e total, a relação de tamanho à distância (nem sempre com precisão) e a perspectiva (em algumas figuras). Praticamente não recorrem variações de intensidade de cor, sombreados, variações de espessura de linhas e de densidade de texturas para criar ilusão de profundidade no espaço e no volume tridimensional de suas figuras. Indica a direção da fonte de luz, colocando sombras sob objetos às vezes, ou utilizando feixes de luz descendo de holofotes, mas não dá tratamento às figuras considerando a origem da iluminação, como vemos em muitas das paisagens de Richard Wawro (cf. capítulo 2).

Frederico revela um domínio intuitivo da perspectiva linear para a representação de muitos tipos de objetos, como se vê claramente em diversas figuras do desenho "Brinquedos" (fig. 6.6). Usa oblíquos com fluência. No entanto, algumas produções evidenciam um tratamento duplo: o fundo chapado, ao passo que as figuras da frente são representadas com volume. Ele não se sente constrangido a utilizar a perspectiva de um mesmo ponto de vista para todas as figuras de uma cena. Cada objeto tem o seu ponto de fuga individual. Veja-se o desenho "Brinquedos", em que se constatam pontos distintos para o trem, o tanque, o navio e o avião.

Soluções como essa sugerem que Frederico desenvolveu esquemas individuais para muitos tipos distintos de objetos, além de esquemas de representação global de espaço que ele pode aplicar a determinadas cenas. No entanto, não se apropriou da perspectiva linear como um modo de ver e, posteriormente, transcrever imagens mentais para o papel, em linguagem gráfica, como vemos na produção de Stephen Wiltshire (cf. capítulo 2).

Origens das imagens pictografadas

Durante o período da intervenção, Frederico constantemente surpreendia a todos com seu repertório. Diante de trabalhos como "Copacabana 100 anos em Rio" (fig. 6.14), "Batman" (fig. 6.11) e, principalmente, do desenho "Um sonho" (fig. 6.10), as pessoas envolvidas no projeto se perguntavam sempre "onde ele viu isso?", "como ele sabe isso?", "ele já foi para algum desses lugares?". Perguntar para o próprio Frederico as origens das imagens que ele representava em nada auxiliava, porque, por um lado, era difícil ele compreender a pergunta ou mesmo a razão dela e, por outro, quando conseguia responder parecia revelar que não tinha consciência da origem das imagens e, assim, deduzia-se que sua atuação gráfica surgia inconscientemente.

Buscamos identificar as fontes de suas imagens em dois contextos: a produção infantil e a produção gráfica disponível no meio.

Imagens presentes na produção infantil – Embora hoje Frederico tenha repertório muito mais amplo, detalhamento muito mais rico e habilidades técnicas bem mais desenvolvidas do que no período infantil, há evidências do domínio precoce de muitos esquemas gráficos para figuras específicas. Silhuetas da cidade, mapas, como o do Brasil, marcas de lugares turísticos, holofotes e filmadoras, figuras circenses, o sol, flores, representações de eventos esportivos, o símbolo das Olimpíadas – todos foram esquemas elaborados ainda na infância, a que ele ainda recorre com maior aprimoramento (cf. pp. 187-188, figs. 6.15, 6.16 e 6.17).

Além dos esquemas individuais de determinadas figuras, a maioria dos esquemas espaciais globais atualmente utilizados também já se mostrava presente nos desenhos de infância, particularmente as soluções "a", "c", "e" e "f".

Apesar de mais abrangente na época atual, a temática preferida se manteve relativamente estável. Na infância, Frederico desenhava o circo ou eventos ligados ao calendário, a não ser quando havia uma solicitação clara para que ele representasse outro assunto. Adulto, Fred interessa-se por outros eventos além do circo, mas a idéia do espetáculo continua presente em sua produção. Assinale-se, no entanto, que muitas das imagens utilizadas por Frederico referiam-se a outras imagens do meio. Por exemplo, alguns desenhos sobre o circo pareciam-se muito com figuras da capa do disco *Arca de Noé*, de Vinícius de Moraes, e outros desenhos lembravam personagens do filme *Bambi*, de Walt Disney, ou personagens das produções de desenho animado Hanna e Barbera.

Imagens presentes no meio – Como se sabe, o meio urbano é muito rico em produções gráficas. Embora se considere que Frederico esteja atento a representações visuais de muitos tipos de portadores de imagens presentes no meio, no caso de sua produção plástica, foi possível detectar claras referências a duas fontes: a televisão e a imprensa (jornais e revistas). Frederico tem grande fascínio por imagens. Em casa, segundo a mãe, seleciona figuras de jornal ("Folha Ilustrada" e a sessão "Divirta-se", da *Folha de S. Paulo*) e diariamente recorta e guarda aquilo que o interessa numa gaveta, até que, diante da quantidade de recortes, a mãe se vê obrigada a jogar tudo no lixo. Na Adere, anda sempre com folhas de jornal ou revistas enroladas dentro do bolso sem nunca permitir que se olhe a revista ou jornal que guarda. Durante o período de intervenção, sempre que percebia alguma imagem circulando (fotografias, agenda com figuras, livro com ilustrações ou pôsteres), levantava-se rapidamente do lugar para olhar de perto. Se a figura o interessava, permanecia algum tempo olhando e fazia comentários, identificando assunto ou personagem. Mesmo que estivesse envolvido em alguma outra atividade, mostrava-se atento a ocorrências a seu redor, principalmente se se tratava de figuras que o interessavam. Um exemplo disso se verifica no seguinte episódio: enquanto desenhava "Contos de fadas", percebeu que Raquel tinha encontrado uma fotografia numa revista. Interrompeu o desenho para saber o que era:

    Frederico: O que foi, Raquel?
    Raquel: A Xuxa (ela estava olhando uma revista).
    Maluf: E isso aqui?
    F: A Bela e a Fera...
    (Frederico toma da mão da Raquel a revista que tem a Xuxa.)
    R (brava): Dá aqui!
    Cássio: Ele te dá. Deixa ele ver, deixa ele te dar.
    F: A Xuxa.
    G: Ele tá rasgando.
    F: O quê?
    L: O que está escrito, Fred? O que está escrito aí?

F: A Xuxa é uma boneca...
(Desligou-se a filmadora para verificar a que se referia a figura. A imagem não era da boneca Xuxa e sim de outra boneca. Solicitado diretamente, Fred leu corretamente o texto da propaganda e desinteressou-se da revista. Fez uma imitação de mulherzinha que gosta de boneca.)

Considerando-se quer a ligação de Frederico com os temas de eventos, quer sua atenção para imagens presentes no meio, um de seus trabalhos é particularmente significativo. Trata-se do desenho "Exploradores", realizado em 14/9/1992, com temática relativa ao descobrimento da América (cf. p. 189, fig. 6.18). Como se sabe, o aniversário do fato estava sendo veiculado durante todo o ano de 1992 e diferentes eventos relativos ao assunto, que ocorreriam no mês de outubro, estavam sendo divulgados. Nessa época, foram preparados vários eventos comemorativos, incluindo-se documentários, lançamentos de livros e de filmes, peças de teatro etc. Atento como é a notícias desse tipo, sem dúvida, Fred obtivera informações sobre a data e sua importância. No entanto, em seu trabalho, realizado como já se disse, ainda no mês de setembro, Fred apresenta uma cena teatral que, segundo ele, estava ocorrendo no Teatro Municipal. Dadas as características do desenho, talvez se possa deduzir que ele tivera acesso a informações sobre a ópera "500 Anos", dirigida por Naum Alves de Souza, com base em roteiro de Marilena Chauí, que, na época, estava em processo de ensaios, com estréia prevista, no Teatro Municipal de São Paulo, para 12 de outubro de 1992. Embora a dedução seja provável, não se sabe, porém, como e onde Frederico teve contato com a notícia, pois a divulgação do evento ainda não estava sendo feita quando ele realizou o desenho, e tampouco nosso artista presenciou os ensaios. No entanto, o fato de ele situar os seus exploradores num palco, denominado por ele próprio de "Teatro Municipal", sugere que teve acesso à notícia da preparação ou mesmo ao espetáculo de Naum Alves de Souza. Caso contrário, não teria por que colocar uma caravela no palco.

Outro exemplo que parece evidenciar a apropriação de imagens de jornais (sessão esportiva) é o das figuras que simbolizam determinadas modalidades esportivas. Às vezes, quando precisa colocar um grande número de figuras no fundo de um desenho, Frederico recorre a "homens-palito", mas geralmente suas figuras humanas têm corpo e forma. No caso do desenho "Barcelona 1992", parece ter-se apoiado numa linguagem gráfica muito utilizada nos jornais para listagem dos eventos e premiações.

Ao analisar o tipo de solução espacial utilizada, percebe-se que Frederico apóia-se fortemente numa linguagem gráfica característica das revistinhas e dos desenhos de histórias em quadrinhos em relação tanto à representação de profundidade quanto à presença de determinadas imagens. O uso das máscaras da tragédia e da comédia, como símbolos que se referem ao teatro, é um exemplo de figura que possivelmente foi assimilada por meio de revistinhas. O tipo de sombra que ele coloca sob figuras, como bolas e os jatos de luz, também são recursos característicos.

Outro exemplo bastante revelador é a figura de uma filmadora. Quando Frederico desenhou em pastel a "Filmagem do Xou da Xuxa" (fig. 6.19), representou uma cena de grande interesse para ele (considerava-se namorado da Xuxa, segundo a mãe), colocando-a numa atmosfera de Hollywood, onde as filmagens eram feitas, e apresentando uma cadeira dobrável de diretor, megafone e uma grua primitiva (tecnologia pouco sofisticada para os padrões que a Rede Globo utilizou de fato na filmagem desse *show*). De onde vêm esses esquemas? Sem dúvida, Frederico tomou emprestadas figuras que se encontram disponíveis em revistas de histórias em quadrinhos e acoplou-as a informações transmitidas pela televisão, numa complementação de imagens que resultou numa representação bastante peculiar.

Figura 6.19 - Desenho infantil de cena de filmagem (9 anos).

A televisão como fonte de imagens – Frederico assiste bastante à programação de tevê, principalmente nos fins de semana. Várias vezes, no decorrer do período de intervenção, desenvolveu temas apresentados em algum programa de tevê, demonstrando-se atualizado quanto aos eventos divulgados pela mídia. Em diversas ocasiões, realizou desenhos ou pinturas sobre assuntos que tinham sido tratados em programas televisivos na noite anterior ou poucos dias antes. É o caso dos seguintes trabalhos:

a) "Visita do príncipe Charles a Brasília", desenho em giz de cera roxo sobre verso de folha de computador, realizado na época da visita do monarca ao Brasil;

b) "Copacabana 100 anos em Rio" (fig. 6.14), colagem realizada no dia 7/7/1992, logo após uma reportagem da Rede Globo comemorando o evento;

c) "Batman" (fig. 6.11), pintura realizada no dia 13/7/1992, depois de uma reportagem documentando a produção do filme *Batman*.

Uma solução que certamente teve origem num programa de televisão é a dos monumentos mundiais que fazem fundo em dois de seus trabalhos: no "Xou da Xuxa", que parece reproduzir o cenário efetivamente utilizado no programa da Xuxa há alguns anos; (cf. p. 189, fig. 6.20) solução que também aparece em "Filmagem do Xou da Xuxa" (fig. 6.17) e em "Um sonho" (fig. 6.10).

Em determinadas épocas, alguns símbolos ou marcas estão presentes tanto nos jornais quanto na televisão. É o caso das imagens ligadas a eventos como as Olimpíadas. O símbolo desse evento são cinco elos de cores diferentes, dispostos de tal forma que três ficam em cima e dois embaixo. Frederico não apenas desenhou o símbolo corretamente (apenas inverteu a posição do elo azul e do preto), mas também soube representar o símbolo (um touro) das Olimpíadas de 1992 na Espanha.[5] Posteriormente, realizou um desenho onde incluiu os dois mascotes para os anos 1992 e 1996 (fig. 6.10). Assinale-se que Frederico já havia realizado um desenho das Olimpíadas (de 1984) quando criança, colocando o símbolo, mas errando o número de argolas e a seqüência de cores na figura.

O tratamento das imagens

Evidenciado que Frederico apropria-se de imagens, cabe agora analisar como ele atua com os esquemas que desenvolveu com base em imagens que o interessavam. Nas sessões em que se solicitavam desenhos baseados em determinadas temáticas, pudemos perceber que Frederico contextualizava suas imagens. Em vez de desenhar um simples sapo, ele desenhou o "sapo *que vira príncipe*"; ao desenhar um telefone, representou um orelhão, já instalado numa esquina de uma rua da cidade. Quando se solicitou que nomeasse figuras de objetos e repetisse duas vezes (para possibilitar a preparação de seu quadro fonêmico),[6] na primeira vez, ele simplesmente disse o nome do objeto, mas na segunda proferiu uma frase, contextualizando a palavra. Como se vê, ele atua com esquemas gráficos em contextos verbalmente ricos.

---

5. Numa pequena investigação informal, não encontramos outras pessoas (não deficientes) que soubessem desenhar os elos na posição correta (a tendência verificada foi a de colocar três embaixo), que acertassem quais eram as cores corretas e em qual ordem elas se encontravam. Muitos não tinham consciência de que havia, além das argolas coloridas, um outro símbolo para as Olimpíadas do ano de 1992.
6. Como Frederico apresentava dificuldade em aceitar a presença de pessoas estranhas, decidiu-se por gravar sua fala para uma fonoaudióloga analisá-la posteriormente. Solicitou-se que ele falasse cada palavra duas vezes, para ampliar as possibilidades de análise.

Figura 6.21 - "Telefone" e "Sapo" (caneta hidrográfica).

Os esquemas desenvolvidos por Frederico não se mostraram rígidos, e sim flexíveis, podendo ser manipulados e modificados conforme a necessidade. A solução da silhueta da cidade, um exemplo particularmente comum, presente já desde os desenhos do período infantil, não é um esquema cristalizado. O contorno diferencia-se de um desenho para o outro.

Além disso, também é notável que, embora tome emprestada a idéia de uma fonte qualquer, Frederico não realiza uma cópia fidedigna. Acrescenta elementos similares se os julga apropriados e corretos. Assim, quando se propôs o trabalho sobre o Egito, foram fornecidas imagens para consulta. Frederico olhou dois ou três livros, mas não se prendeu a nenhuma ilustração. No produto final, incluiu um grupo de turistas, além de um elemento apropriado para algumas cenas de deserto, mas não para o Saara: um cacto. No entanto, Fred considerou-o "correto". Desenhando ao lado dele, Maluf colocou o mesmo cacto no seu desenho e explicou:

> Maluf: Ao lado da pirâmide mesmo tem um coqueiro e um cacto.
> L: Que tipo de planta é o cacto?
> M: É uma árvore, uma árvore verde, toda verde. E tem espinhos... E tem o suco do cacto. (...) E também não é só no deserto, não. O mundo inteiro 'tá coberto disso aqui. Tem no faroeste, tem no centro-oeste, tem no bangue-bangue e no deserto. (Cf. p. 190, fig. 6.22)

Assinale-se também que Frederico parece ter bastante segurança na sua atuação gráfica. Em certas sessões, quando desenhava baseado num modelo, não se sentia constrangido a constantemente conferir sua representação com o modelo, realizando um tipo de varredura entre o modelo e sua grafia. Por confiar demais em sua memória visual e nos esquemas gráfico-motores, cometia alguns erros. No desenho do tênis, incluiu sete ilhoses em vez de cinco. No desenho do telefone, olhou o modelo apenas no início e no final, quando confirmou a posição dos números; não verificou a posição do fio, então, colocou-o no lado contrário, além de mudar um pouco o estilo do telefone original.

Figura 6.23 - Desenhos com modelo, "Telefone" e "Tênis".

O tratamento gráfico que Frederico dá a seus desenhos tem natureza ornamental. Todos os espaços são preenchidos. Há preocupação com padrões decorativos, como a alternância de figuras, a simetria na composição e a disposição de cores (ver como exemplo a disposição das luminárias no quadro "Carnaval", p. 190, fig. 6.24).

Por fim, note-se que, apesar de não termos obtido representações metafóricas durante o período de intervenção, registraram-se diversas manifestações que evidenciaram jogo simbólico. Numa situação de colagem, Fred selecionou uma forma de papel preto e colocou-a no queixo, como se fosse barba. Em outra situação, brincou com uma espada imaginária, como se fosse o Capitão Gancho, que ele acabara de desenhar. Entrava na brincadeira dos colegas da oficina, imitando diversos personagens, como o Baby Dinossauro, quando o seriado "Família Dinossauro" começou a fazer muito sucesso em São Paulo.

Desempenho técnico

Um olhar sobre o conjunto da obra de Frederico revela uma variação relativamente ampla de seu desempenho do ponto de vista técnico – algo que talvez se espere de qualquer artista. No geral, os quadros realizados em casa revelam um aprimoramento técnico maior do que os realizados no período da intervenção, com exceção da pintura "Carnaval". Em casa, ele trabalhava sem interferências, com maior liberdade de horário e com materiais de melhor qualidade, num contexto em que sua produção era bastante valorizada pelos familiares, ao passo que, na oficina, havia muitos estímulos que interferiam na sua concentração. No entanto, segundo nossa análise, o que permitiu que, no contexto da oficina, ele realizasse um quadro de qualidade equivalente aos de casa foi o acesso à tinta guache em bisnagas e a pincéis finos – materiais sobre os quais ele tem pleno domínio.

Frederico é canhoto e utiliza preensão em chave. Apesar da preensão primitiva e dos problemas de visualização, por causa da visão deficiente à esquerda, ele adquiriu mecanismos compensatórios e trabalha com muito controle, desde que os materiais estejam organizados para ele.

Durante a execução do grande quadro "Carnaval", foi possível observar diversas dificuldades de Frederico com relação ao planejamento da colocação de detalhes e da seqüenciação das cores. No caso desse trabalho, solicitou-se que desenhasse primeiro a lápis aquilo que iria pintar numa segunda etapa. Em vez de realizar um esboço, porém, Frederico desenhou tudo, com os mínimos detalhes. Mesmo quando insistimos para que ele iniciasse a pintura, completando os detalhes só na etapa da tinta, não atendeu ao pedido. Tal orientação foi transmitida também por intermédio de um colega, sem que se conseguisse a resposta desejada:

> L: Maluf, pergunta se ele não vai pintar com tinta.
> M: Vai pintar, seu Frederico?
> F: O quê?
> M: Vai pintar o seu desenho?
> L: Maluf, mostra pra ele as tintas e pergunta se ele não vai pintar com pincel.
> M: Olha aqui, Fred. Tintas: verde, vermelho, branco, verde, azul. Tchau, seu Frederico.

Nesse quadro, Frederico iniciou pintando, em primeiro lugar, o carro alegórico e as figuras da escola de samba e deixou o fundo para o fim, o que dificultou a colocação uniforme da tinta na região do asfalto, já que era preciso tomar muito cuidado com as dezenas de figuras que compunham o bloco da escola de samba. Ao pintar o fundo acima das casas, não conseguiu manter um bom controle sobre o pincel, o que poderia ser interpretado como cansaço ou dificuldade visual à distância. Foi preciso orientá-lo para que trocasse de pincel, selecionando entre pincéis chatos ou redondos, grossos ou finos, conforme a área que estava sendo preenchida. Demonstrou melhor controle na elaboração de figuras pequenas, com pincel fino.

Outra dificuldade percebida refere-se à seleção de cores. Embora utilize uma dosagem adequada de água, Frederico emprega as cores que saem da bisnaga, sem misturá-las para obter tonalidades mais apropriadas. Isso dá um aspecto primitivista a seus quadros, com uma expressão bastante alegre e ingênua. No entanto, às vezes, essa estratégia causa problemas, pois pode fazer com que o fundo fique escuro demais. Pode também provocar uma confusão visual se partes de figuras se misturam com o fundo, já que a mesma tonalidade pode ser utilizada em ambas. Foram desafios desse tipo que Frederico enfrentou ao realizar o quadro "Carnaval", o que exigiu que a pesquisadora participasse, auxiliando-o a avaliar e antecipar os resultados de sua escolha de cores.

Apesar dessas dificuldades relacionadas a estratégias de planejamento no processo de pintura, Frederico demonstra bom domínio de programas motores. Tanto nos desenhos solicitados com base em modelo (lâmpada, tênis, telefone) quanto nos desenhos com tema proposto (relógio, sapo, bicicleta), é evidente a fluência com que ele recorre a esquemas cristalizados e os manipula conforme as exigências do problema gráfico a resolver. Mesmo tendo errado o posicionamento da roda traseira da bicicleta, o desenho demonstra uma compreensão da mecânica das relações estruturais das peças (esquadro, pedais e corrente) de uma bicicleta. Isso fica ainda mais evidente quando confrontamos suas soluções com as de seus colegas da oficina nas figuras a seguir.

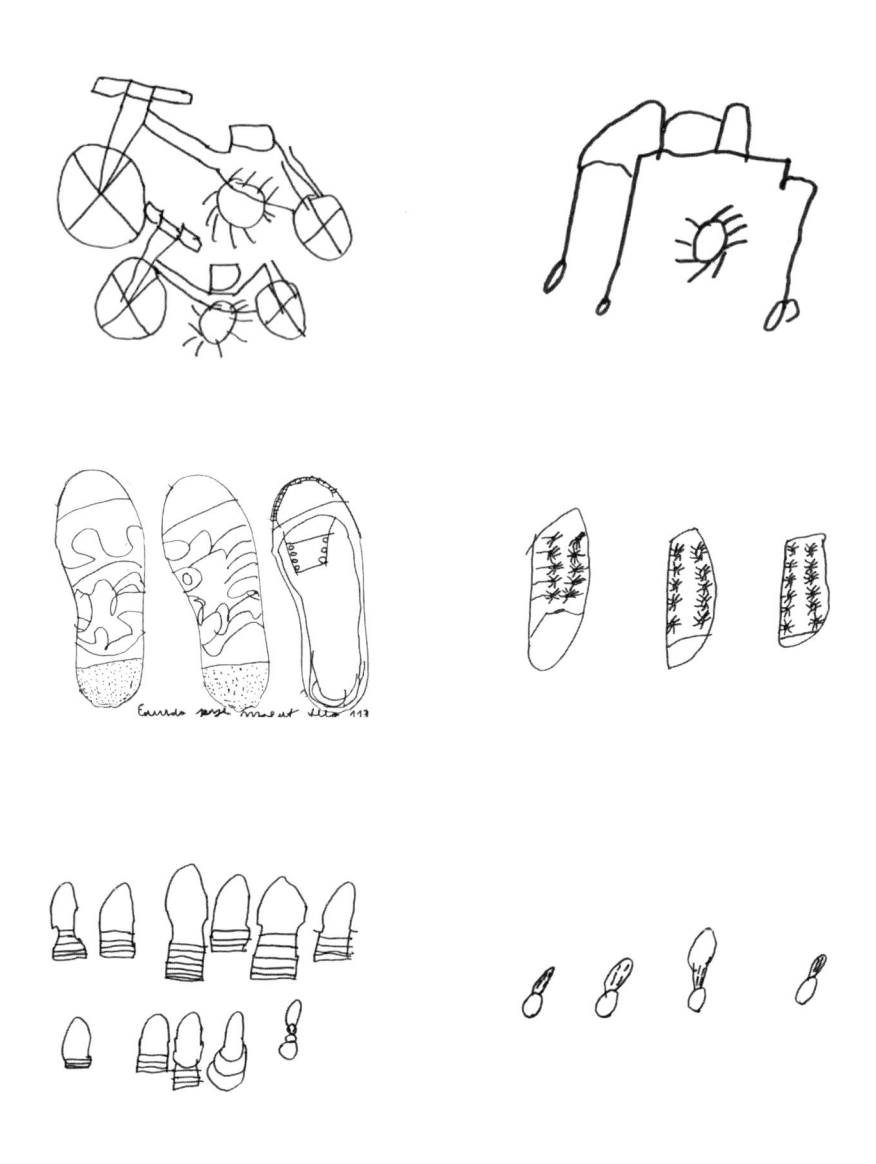

Figura 6.25 - Bicicleta, tênis e lâmpada desenhados por Maluf e Cássio, respectivamente.

Figura 6.26 - Desenhos de Frederico com base em tema proposto: bicicleta e relógio.

Lembremo-nos de que a solicitação do desenho do relógio e do telefone surgiu como conseqüência de uma observação dos desenhos infantis, nos quais se constatou que Frederico tinha desenhado cada figura direcionando os números na orientação correta (horária para o relógio, anti-horária para o telefone). Levantou-se, então, a hipótese de que ele estaria se apoiando fortemente na memória visual, já que se considerava improvável que uma criança, aos 8 ou 9 anos, estivesse consciente dessas diferenças a ponto de incluí-las nas suas representações. No entanto, quando se solicitou a Frederico, no contexto do grupo, que preenchesse os números num desenho esquematizado, ele utilizou uma orientação horária em ambos os objetos. Foi interessante observar que incluiu no telefone um marco (asterisco) que consta em telefones de tecla, mas não nos de disco. Note-se também que ele realizou a tarefa rapidamente, pois estava envolvido com outro trabalho. Depois desse resultado, foi apresentado um telefone como modelo, o qual Fred desenhou sem se apoiar numa varredura entre traço e modelo. Só na hora de colocar os números, olhou para ver a direção e aí, então, realizou a escrita numérica na direção correta.

Relações entre linguagem verbal e léxico visual

À medida que Frederico foi se familiarizando com o contexto da aula de artes, começou a permitir e até a convidar maior aproximação da coordenadora dos trabalhos. Nas primeiras sessões, foi com muito cuidado que se pedia para Frederico elaborar verbalmente sobre sua produção do dia. Mais tarde, porém, ele começou a se sentar à mesa junto com alguns colegas espontaneamente e, nessa situação, o próprio grupo pedia que ele nomeasse as figuras de seu desenho. Com os colegas como mediadores, foi possível solicitar de Frederico complementação verbal sobre seu trabalho, o que fora difícil obter dele diretamente.

Fazia parte da rotina da atividade que, ao terminar o desenho, os integrantes chamassem a filmadora/pesquisadora para mostrar e contar alguma coisa. Frederico passou a fazer o mesmo, tomando a iniciativa de falar sobre as figuras que compunham seu desenho ou pintura. Mesmo no processo de trabalho, começou a aceitar interrupções, respondendo a algumas perguntas específicas. Quando estava pintando o trabalho "Batman", por exemplo, respondeu que não tinha assistido ao filme no cinema.

Há numerosas amostras que exemplificam seu processo de verbalização sobre o desenho. Selecionamos apenas quatro, que ilustram:

1. a iniciativa de Frederico em falar de seu trabalho, bem como o tipo de repetição que ocorre na interação com ele, para que todos se certifiquem de que compreenderam sua fala;

2. sua capacidade para pensamento abstrato em categorias, revelando também um raciocínio com abstração genérica;

3. a estreita relação entre a palavra e a imagem em seu desenho;

4. seu domínio da escrita e sua percepção da função da escrita como um meio de agilizar a comunicação.

Vale lembrar que a enunciação de Frederico é vocálica, isto é, ele pronuncia principalmente as vogais, o que torna a compreensão muito difícil. Quando contextualizada, com o apoio da ilustração, é possível adivinhar o que ele diz. (Ver quadro fonêmico no Anexo I.) Nessa primeira amostra, evidencia-se a disponibilidade de Frederico para falar ao grupo sobre seu desenho:

L: Fala, Fred.
F: Contos de fada.
L: Quais que tem?
F: Mágico de Oz.
Maluf: Mágico de Oz, lembrei.
Cássio: Mágico de Oz.
L: Mágico de Oz, ah... Que mais?
M: Já vi isso aqui na Disney com a Cinderela.
F: O quê?
M: Disney, cheia de luzes, de noite.
L: Que mais, Fred?
F: A Bela e a Fera.
L: A Bela e a Fera.
M: A Bela e a Fera.
F: No País das Maravilhas.
C: Alice no País das Maravilhas, Maluf. Depois?
F: Branca de Neve e os sete anões.
L: Branca de Neve e os sete anões.
F: (ininteligível)
L: Qual que é esse?
F: Sapo vira príncipe.
L: O sapo vira príncipe.
F: É.
L: Terminou?
F: Sim.
L: Então, pode colocar o nome.
F: Eu já coloquei.
L: Já colocou?
F: Já.

O diálogo seguinte deu-se após o término da pintura sobre as modalidades esportivas da Olimpíada de 1992. Frederico mostrou conhecer as denominações dos esportes e os nomeou pelos termos genéricos (dizendo "ciclismo", e não bicicleta; "atletismo", e não corrida), o que evidencia um pensamento que se apóia em classes, além da uma grafia de natureza simbólica:

L: Quais são os esportes que você desenhou?
F: Bom... bom... Judô... judô. Salto de dardo, ginástica olímpica, atletismo, arco e flecha, voleibol, natação, esgrima, futebol.
Maluf: 'Xô ver, Fred.
F: Basquetebol, ciclismo, salto ornamental.
L: Muito bem.
Cássio: Muito bem.
M: Olha! ... bicicleta, arremesso de peso, dardo, arco e flecha, né, Fred?
F: Tiro ao alvo.
M: Tiro ao alvo. (Imita o gesto de atirar, com o indicador.)
C: Tiro ao alvo.
L: Legal, Fred.
C: Muito bem, Fred. Parabéns.
M: Parabéns, Fred.

No quadro "Carnaval", evidenciou-se a estreita relação entre palavra e desenho na obra de Frederico. Além de conhecer aspectos referentes ao figurino, posição e função dos integrantes de uma escola de samba, ele foi capaz de nomear cada figura representada no quadro: comissão de frente, ala das baianas, mestre-sala e porta-bandeira, passista, o grupo, alegoria, rei momo e rainha do carnaval, bateria e o carro alegórico. Mas, em virtude da dificuldade do ouvinte em compreender aquilo que Frederico verbalizava, a avaliação de seus conhecimentos ficaria muito prejudicada. Para complementar o processo de comunicação, o caminho foi a utilização da escrita, assim, foi possível ampliar os dados sobre a natureza ampla e estruturada de seus conhecimentos (ver, no Anexo II, amostras de escrita de Frederico).

Dois episódios mostraram-se particularmente marcantes. No primeiro, solicitou-se que Frederico escrevesse os nomes dos doces e salgadinhos que ele tinha desenhado na mesa da "Festa de São João". No mesmo desenho, as barracas foram demarcadas espontaneamente com os nomes das brincadeiras representadas. Frederico já estava dando os toques finais no desenho quando Susy começou a perguntar-lhe sobre as bandeirinhas, os balões, o pipoqueiro. Notou a mesa e perguntou: "Que é isso?" Frederico respondeu: "Tá aqui." Então, pegou a folha onde escrevera a lista de comes-e-bebes e leu para ela, numa articulação difícil de compreender. Susy entendeu a que se referia a lista e tomou-a de Frederico para ler, de forma pausada, item por item.

O segundo episódio ocorreu em complementação ao desenho "Um sonho". Solicitamos a Frederico que nomeasse cada monumento. Diante de sua facilidade em identificar verbalmente cada um dos lugares, resolvemos pedir que ele escrevesse numa folha o nome de cada monumento e sua localização correspondente. Ele realizou essa atividade sem qualquer dificuldade. Além de compreender a instrução, na diagramação proposta, avançou além do solicitado, colocando a cidade (capital) e o país onde cada monumento ou símbolo se localiza. A despeito de alguns enganos, como erros ortográficos, a localização da torre de Pisa em Roma e a ingênua nomeação de Dom Quixote como Dom Pixote, note-se que o tipo de conhecimento aqui evidenciado faz parte do conteúdo curricular da quinta série do ensino fundamental, o que demonstra um espantoso repertório de conhecimentos geográficos para alguém que nunca freqüentou qualquer escola da rede regular de ensino.[7]

---

7. Numa pesquisa informal paralela, perguntamos a uma série de pessoas do meio universitário qual era a capital de Marrocos. Apenas duas pessoas deram a resposta certa (Rabat), além de Frederico: um geógrafo e a senhora que serve o café no Departamento de Psicologia que, aliás, havia trabalhado em casas de famílias árabes.

Posteriormente solicitamos a listagem de outras figuras relacionadas em seus desenhos, tarefa que ele cumpriu sem qualquer dificuldade, listando os tipos de cachorros de um desenho realizado com o professor do período da tarde, bem como os personagens do circo de um desenho realizado durante o semestre da ausência da pesquisadora (ver Anexo II).

Noções de estética e talento do ponto de vista do grupo

No decorrer do período de intervenção, eram freqüentes enunciações dos integrantes do grupo que revelavam uma avaliação estética (no simples sentido de "bonito" ou "feio") sobre a sua própria produção artística e a dos outros. Isso poderia se manifestar num pedido de avaliação para a coordenadora da atividade, como se vê no seguinte exemplo:

> L: Três [círculos] azuis, né, Carlucho?
> Carlucho: Tá bonito assim?
> L: Tá bonito assim. O que você acha?

Revelava-se também em falas que expressavam a frustração de não ter conseguido realizar aquilo que se esperava, como se percebe no comentário abaixo:

> L: Aquele outro que você estava desenhando; você parou?
> Elisete: Não, joguei fora. 'Tava feio.

Também se evidenciava em falas que demonstravam uma avaliação da própria capacidade, como na frase escrita no desenho de Elisete: "Eu não sei desenhar, mas faço o possível". Ou nos comentários de Margarida e Cristiano:

> Margarida: Eu não sei escrever não, mas eu sei desenhar.
> Cristiano: 'Tá tão bom, que eu considero isso minha obra-prima.

O olhar sobre a pintura do outro também suscitava uma avaliação estética, como se vê na fala abaixo:

L: Olha o trabalho do Eduardo. Que que vocês acham?
André: É rico em cores.

Apesar da satisfação que Frederico demonstrava para com sua própria produção (evidente na sua expressão facial e na alegria ao terminar um trabalho), não foi registrada nenhuma fala sua relativa à avaliação estética de seu próprio trabalho ou dos desenhos dos outros integrantes. Muitas vezes, Frederico levantou-se para olhar aquilo que os colegas estavam pintando ou desenhando. Na hora do intervalo, quando os trabalhos ficavam na mesa, ele circulava para ver o que tinha sido realizado. Às vezes, sugeria a algum colega que incluísse uma figura que ele considerava fazer parte do assunto tratado ali; no entanto, nunca parabenizou nenhum colega nem lhe disse que seu trabalho estivesse bonito ou feio.

Outros falam sobre Fred – Em inúmeras ocasiões, os colegas de Frederico revelaram reconhecê-lo por sua capacidade artística. Isso se evidenciou no constante interesse que sua produção provocava, seja em falas diretas parabenizando-o, seja na tentativa de copiar algum de seus quadros e em pedidos para ele mostrar como desenhara alguma figura. Certa vez, enquanto ele desenhava as figuras dos contos de fada, os colegas manifestavam seu interesse pelo desenho de Frederico conversando entre si:

Cássio: Olha o do Fred. Espia, Maluf. Maluf, espia o do Fred!
Maluf: É, eu nem preciso espiar porque eu já 'tô olhando.
C: (ininteligível)
L: O que ele fez, Cássio?
M: Um domador e o...

C: Um domador e qual é o outro?
F: (ininteligível)
Indira: Peter Pan.
C: O outro é o Peter Pan?
I: É.
C: Ah, é o que a Indira falou, que é o Peter Pan; aquele verde.
M: Isso aí é o Peter Pan, né?
L: E o outro?
C: E o outro? Qual é, Indira, o outro?
I: Eu não sei.
C: Pergunta pra ele, Maluf. E o outro, o que é? Pergunta pra ele: Que que é isso, Fred?
M: Que que é isso, Fred?
C: Vai lá perto dele.
M: Que que é aquilo ali, Fred?
C: Que que é isso aí?
F: (ininteligível)
I: Aqui, Peter Pan.
F: Capitão Gancho.
C: Ah! Capitão Gancho? Capitão Gancho.
M: Ah, pirata, quer dizer.
F: (ininteligível) ... pirataria. Pirataria, hah! (Frederico brinca de atacar com espada imaginária.)
C: Capitão Gancho. Ah, entendi. 'Tá ótimo.

Além de revelar as dificuldades no processo de comunicação com Frederico, provocadas por sua perda auditiva e disfunções de linguagem, essa seqüência também evidencia o sistema de apoio que os colegas lhe ofereciam, buscando formas alternativas para, *em grupo*, procurar compreender o que ele estivesse expressando.

Também ocorreram situações em que havia verbalização direta do reconhecimento da capacidade artística de Frederico por seus colegas da oficina. Numa das sessões, Susy comentou sobre um desenho de que ela gostava:

Susy: O Fred vai ganhar uma medalha.
Maluf: Eu também.
S: Não, você não. Só o Fred.

Numa outra ocasião, Tolstói, com muita admiração, analisou longamente o desenho "Dois mascotes", que estava pendurado na parede. Em seguida, fez um desenho em que procurou copiar o texto escrito, os mascotes e os materiais esportivos que Frederico havia incluído em seu trabalho (cf. p. 191, figs. 6.27 e 6.28). Chegaram mesmo a ocorrer pedidos diretos a Fred para que ele ensinasse um companheiro do grupo numa determinada sessão. Cássio estava desenhando uma série de flores, nomeando cada uma (rosa, margarida, amor-perfeito etc.). O esquema da flor era sempre o mesmo, mas ele variava a cor para corresponder ao tipo nomeado. De repente, sentiu-se incapaz de desenhar uma violeta e recorreu a Frederico. Mas Fred não se dispôs a ajudar.

Veja-se também a fala de Robson, quando expressou sua admiração pelo talento do colega, que estava terminando uma tela no cavalete. Ao referir-se a Frederico, Robson comparou-se a ele, revelando o desejo de dominar o desenho ("a idéia boa"), assim como notava que Fred fazia:

Robson: Eu gostei do trabalho do Fred.
L: Ah.
R: Muito simples, é... Tem uma cabeça assim, sabe pintar as coisas direito, as coisas certas, né? Não fica igual. Faz uma casa. Ele tem uma idéia boa. O Fred, eu devia ser igual o Fred. Eu fazia tanta coisa, igual ele tá fazendo agora.
L: E onde você acha que ele aprendeu isso, Robson?
R: Ele aprendeu isso da cabeça dele.
L: Você acha que ele...
R: Ele aprendeu assim: "Vou fazer agora, vou fazer agora uma coisa bem caprichada... Vou fazer um, uma coisa bem caprichadinha."

L: Você acha que ele pensa primeiro, daí ele faz bem caprichado?
R: Ele pensa: "Eu vou fazer uma casa". Ele faz. Ele pensa, ele faz.

Como se nota, Robson revelou que "desenhar bem" significa, para ele, desenhar *com capricho*, e também que considera haver planejamento, uma intenção anterior, no desenho de Frederico. Para Robson, Fred consegue desenhar qualquer coisa a que se propuser. Na seqüência, Robson afirmou que Frederico aprendeu a desenhar na Adere, mas antes já havia dito que ele aprendera "da cabeça dele". Quando procurou elaborar verbalmente uma questão que vem intrigando pesquisadores durante muitos anos – o talento aprende-se ou é inato? – também foi ambivalente:

L: E todo mundo pode aprender a fazer isso?
R (sorri): Tem pessoa que pode e outras não pode, né? Tem... ou tem cabeça legal ou não tem, né? Tem cabeça assim, pensamento, né?
L: Sei.
R: Eu acho que o Frederico tem idéia assim de fazer as coisas certo. Ele aprendeu *tudo* na Adere. Pintar, desenhar, fazer as coisas. Tudo que manda fazer ele faz. Não é de [do tipo] "não faz nada". Tudo que manda fazer ele faz. Cantar, canta direitinho; tocar, toca direitinho. Ele é um homem muito, muito legal. Um homem assim que sabe direito. É um homem assim que sabe as coisas que faz. Ele tem problema no ouvido. Isso é normal. Nasceu assim já. Isso é normal. De cabeça, tudo bem. A cabeça "tá joinha". E o ouvido nasceu assim, por isso ele não ouve. Ele fala. "Cê fala no ouvido, bem perto, ele ouve. Fala longe, não ouve."
L: Não ouve, né? E, Robson, tem mais alguém que sabe desenhar assim como o Fred? Tem mais gente aqui na Adere que faz assim como ele?
R: Eu não vejo, eu não vi. Eu não percebi ainda pessoa que desenha direitinho, né, assim. Eu não vi direito. Preciso dar uma olhada, quem sabe.

Aspectos socioafetivos

Várias foram as referências de diferentes sujeitos sobre as dificuldades de Frederico no plano socioafetivo, tanto por parte de familiares quanto de profissionais da Adere. Entre os problemas, citaram-se os episódios de agressividade quando contrariado, as dificuldades na aceitação de mudança de rotina, a falta de iniciativa nas relações sociais com colegas, a recusa a participar de determinadas atividades.

No decorrer do processo de intervenção, porém, Frederico não apresentou nenhum grave problema de comportamento que interferisse em sua participação nas atividades propostas. No entanto, evidenciaram-se alguns que merecem ser citados, porque podem ter relevância para explicar o fenômeno *savant*, conforme discussão de alguns autores (Duckett 1976 e 1977; Frith 1993; O'Connor e Hermelin 1991b).

Em seu estudo, O'Connor e Hermelin (1991b) apontam que uma tendência para comportamentos repetitivos e a preocupação com/ou interesse por uma área restrita podem ser fatores cruciais no desenvolvimento do talento dos *savants*, tenham ou não sido diagnosticados como autistas.

Esses autores realizaram um questionário com pessoas responsáveis pelo cuidado de 40 sujeitos (10 *savants* autistas, 10 *savants* não autistas, 10 autistas que não eram *savants* e 10 deficientes mentais que não eram *savants*), no qual obtiveram informações sobre: 1. interesse restrito ou preocupação com uma única área; 2. envolvimento com rotinas fixas; 3. reações negativas a mudança; 4. limpeza excessiva; 5. preocupação com a manutenção de ordem; 6. reações à invasão do outro; 7. indecisão; 8. comportamento de acumular e esconder objetos (açambarcamento).

Entre os itens citados, houve evidências, no período da intervenção com Fred, de preocupações com área de interesse restrito (interesse por imagens e pelo desenho), envolvimento com rotinas fixas e dificuldades em aceitar mudanças nas rotinas estabelecidas, além do comportamento de acumular e esconder objetos (no caso, revistas ou folhas de jornal). Essas observações foram confirmadas nas respostas da mãe e da psicóloga da Adere ao questionário (tradução do instrumento utilizado no estudo citado acima).

No decorrer do processo, registraram-se, na filmagem em videoteipe, diversos tipos de comportamentos estereotipados, como por exemplo: movimentos amplos e repetitivos de braço, balanceio com o corpo (*rocking*), movimentos de fazer bico com os lábios, vocalizações sem função comunicativa, movimentos de mão, além de marcas de mordida na mão direita. Em algumas sessões, tais comportamentos mostravam-se bastante exacerbados, ao passo que, em outras, ocorriam com pouca freqüência.

Muitas vezes, Frederico demorava muito para entrar na sala onde as sessões de artes se desenvolviam. Possivelmente, isso refletia sua dificuldade em lidar com a mudança de uma atividade para a seguinte. Os profissionais que trabalhavam com ele na oficina já haviam alertado que pressioná-lo a vir logo poderia provocar um estado de agitação tal que impediria sua participação.

A dificuldade em aceitar mudanças de rotina também se refletia na resistência a trabalhar com pessoas ou materiais novos. Um episódio ilustra essa problemática. Como Fred utilizava um conjunto de lápis de cor de qualidade inferior, trouxemos um conjunto novo, mais macio, que queríamos que ele experimentasse. Apresentamos o estojo, mas ele não se interessou. Demonstramos a diferença da qualidade, fazendo um rabisco com o mesmo tom de azul de cada tipo de lápis, para que ele avaliasse a diferença. Mesmo assim, recusou-se a experimentá-lo. Então, escrevemos uma frase, prendendo a tira escrita no estojo novo: "ESSE LÁPIS É DO FREDERICO". Ele leu, virou a caixa, para que não conseguisse ver o texto, e empurrou-a para longe.

Também é necessário assinalar que, apesar de referências sobre a falta de iniciativa nas interações sociais, durante o período de nossa intervenção, registraram-se tanto cenas nas quais Frederico mantinha-se afastado do contato com os colegas quanto situações de participação por iniciativa própria. Muitas vezes, mantinha o aparelho auditivo desligado enquanto trabalhava e só o ligava quando alguém se dirigia á ele ou quando percebia que se desenvolvia um assunto de seu interesse. Às vezes, fugia quando era cumprimentado pela manhã, mas em, outras ocasiões, aproximava-se correndo, gritando feliz do outro lado da oficina: "A Lulu chegou!" Carinhoso, ia me cumprimentar, dando-me um beijo na mão.

Dignos de registro são os episódios reveladores de que Frederico conseguia até mesmo *empatizar* com os sentimentos expressos por outras pessoas, colocando-se no lugar delas e interagindo para tentar amenizar o problema do outro. Num deles, Raquel, uma colega do grupo, entrou na sala muito brava e, chorando, sentou-se no seu lugar, perto de Frederico. Ele colocou a mão no braço dela:

> F: Tá triste, Raquel? Tá triste? (ininteligível) Raquel, Raquelzinho.
> (Ela puxou o braço, não aceitando o consolo.)

Durante o período de intervenção, Frederico demonstrou preferência por um colega – Maluf. Quando próximos, abraçavam-se, batiam as mãos ou um fingia enforcar o outro, num gesto de brincadeira. E se cumprimentavam sempre, num tom de cumplicidade:

> M: Frederica!
> F: Malufa!
> M: Frederica!"

Assinale-se que o modo como Frederico tratava as moças do grupo era bastante diferenciado. Geralmente, não iniciava os contatos, mas quando alguma moça se aproximava, interessada no seu desenho, ele dava atenção e, às vezes, fazia algum gesto de carinho, como beijar-lhe o dorso da mão.

7
EM BUSCA DE COESÃO

"Ilhotas de habilidade", "lascas de habilidade", "fragmentos de genialidade", entre outros, foram termos utilizados para denominar o desempenho extraordinário dos *savants* (Frith 1989). Embora expressem a natureza "em picos" do desempenho dos *savants*, não captam a qualidade mnemônica do talento nem seu significado afetivo e social.

Em virtude das conotações de valor negativo inerentes às palavras "ilhotas", "lascas" e "fragmentos", resistimos a aplicá-las à aptidão de um jovem como Frederico. No entanto, os resultados deste trabalho certamente comprovam a natureza *savant* de sua produção artística, o que justifica discutir seu caso com o respaldo da literatura sobre o fenômeno.

Neste capítulo, propomo-nos a justificar por que as habilidades de Frederico podem ser enquadradas na síndrome *savant* e discutir sua produção de imagens, considerada à luz da literatura

245

sobre autismo, bem como os aspectos processuais de tal produção, já evidenciados no capítulo 6. Por fim, em razão dos resultados deste trabalho, abordamos algumas das implicações educacionais e profissionais mais relevantes nesse tipo de intervenção.

Frederico, um artista savant

Lembremo-nos de que a definição da síndrome *savant* implica a demonstração de uma ou mais habilidades extraordinárias (acima do esperado, quando se leva em conta o nível de desempenho geral de determinado sujeito, ou acima da média considerando-se pessoas tidas como normais), associadas a um quadro geral de desempenho rebaixado (ou de deficiência mental). Cabe perguntar se o caso de Frederico se encaixa na síndrome *savant*, evidenciando um quadro de deficiência mental associada à habilidade artística extraordinária.

Já comentamos que os relatórios do prontuário relativo ao período de sua infância não assinalaram deficiência mental em Frederico – pelo contrário, sugeriram um bom potencial cognitivo, levando em conta que suas limitações derivavam de problemas na linguagem e no comportamento social. No entanto, um teste de Q.I. realizado quando ele tinha 15 anos apresentou como resultado uma idade mental de 5 anos e meio – resultado que a própria psicóloga que aplicou o teste considerou abaixo de seu potencial real, conforme se discutiu no capítulo 5.

Como se sabe, o teste de Q.I. é apenas um entre vários critérios utilizados para assinalar a deficiência mental. No caso de Frederico, mais do que o resultado do teste de inteligência, outros fatores ilustram as defasagens que ocorreram em seu processo de escolaridade e conquista de independência socioeconômica. Seus três irmãos tiveram oportunidade de freqüentar cursos de terceiro grau e hoje se encontram empregados e economicamente independentes, ao passo que Frederico, desde pequeno, cursou apenas escolas especiais e, desde os 12 anos, freqüenta instituições para portadores de deficiência mental; assim, hoje, seus amigos e colegas de trabalho são adultos portadores de variados quadros de deficiência mental. Fred é economicamente dependente; não vota e não serviu ao Exército; além disso, não anda sozinho na cidade. Se não era considerado deficiente mental quando criança, hoje não há como negar sua defasagem na área escolar e sua falta de autonomia socioeconômica.

Não nos detivemos na busca de *julgamentos científicos* para qualificar de "extraordinária" a produção artística de Frederico, em virtude da natureza deste estudo e da problemática metodológica que tal empreendimento envolveria (cf. capítulo 1). O fato de ele ter recebido prêmios nas exposições da Apae demonstra que, ao menos na opinião dos juízes daqueles concursos, seus quadros se destacam entre a produção de seus pares.

Mais do que preencher os dois requisitos, deficiência mental e aptidão artística, Frederico pode ser incluído no grupo de artistas *savants* por causa da natureza de suas soluções gráficas, evidenciada nesta investigação.

O que caracteriza a produção artística do *savant*? Já assinalamos, nos capítulos 2 e 4, algumas características dessa produção, como a utilização de soluções convincentes de representação espacial, opção por uma temática relativamente restrita, área técnica delimitada, representação figurativa referenciada no "real" (não abstrata, metafórica, absurda ou cômica). Apontamos que o desenvolvimento gráfico dos artistas *savants* tem emergido ainda na infância, espontaneamente, sem ter sido alvo de instrução formal.

Constatamos que tal análise se aplica também à produção de Frederico, que demonstrou dominar uma temática circunscrita ("eventos"), mesmo possuindo um amplo léxico visual. Alguns esquemas gráficos de seu repertório tinham se formado precocemente, reaparecendo anos mais tarde em desenhos da fase adulta. No entanto, afirmar que a produção de Frederico se assemelha à de outros artistas *savants* não elucida nossa compreensão do fenômeno. Para tanto, é preciso analisar seu processo de produção à luz de alguns eixos teóricos, incluindo-se os resultados dos estudos dos pesquisadores de "talento e inteligência" da Universidade de Londres e as recentes teorias sobre autismo, conforme o enfoque de Frith (1989 e 1993). Necessitamos também de um suporte teórico que nos permita compreender tal produção na sua dimensão sociocultural. Para tanto, utilizaremos a abordagem sociointeracionista, complementada pela perspectiva oferecida por Bakhtin (Wertsch 1991).

A produção de Frederico à luz do autismo

Apesar do fato de Frederico não ter sido formalmente diagnosticado como autista, os estudos sobre autismo são relevantes para o seu caso e para a discussão sobre o fenômeno *savant*. Frederico, como já foi descrito, apresenta diversos comportamentos característicos do autista (dificuldade em aceitar mudanças na rotina, comportamentos ritualísticos, açambarcamento, estereotipias), embora, por outro lado, tenhamos presenciado episódios de identificação com o outro e de jogo simbólico, que são funções prejudicadas no autismo. Vale lembrar também o quadro de rubéola na gestação de Fred, assinalando-se que há diversas pesquisas mostrando uma associação entre rubéola congênita e autismo (Chess 1977), o que pode significar que, em alguns casos, a rubéola pode causar autismo ou que ambas as condições danificam os mesmos sistemas centrais durante o período de desenvolvimento neurológico intra-uterino. Outra questão que merece ser assinalada é a de que vários entre os artistas *savants*, descritos no capítulo 2, foram formalmente diagnosticados como autistas (Yamamura, Richard Wawro, José, Nadia, Stephen Wiltshire e Daniel).

No estudo a respeito do autismo e da inteligência, o modelo do processamento de informações, segundo Frith (1989), ofereceu um suporte que permitiu aos psicólogos cognitivistas um paralelo útil para a compreensão da função mental, emprestando desse modelo a idéia da distinção entre a entrada (*input*) de informações, seu processamento central (arquivo e iniciação de ações) e sua saída (*output*). Apoiando-se nesse paradigma e citando inúmeras pesquisas, Frith assinala que os sistemas de *input* e de *output* estão intactos no autismo puro (sem outros distúrbios associados, como deficiência mental); os problemas encontram-se no processamento central.

A teoria de Frith tem dois eixos inter-relacionados, considerados fundamentais para explicar o autismo e o quadro do *savant*, em quem os fenômenos gerais do autismo convergem de maneira eloqüente, segundo a autora:

1. Em virtude de uma disfunção central de sistemas cerebrais específicos, responsáveis por processos mentais superiores, não existe no autista a forte compulsão para coesão e coerência, que caracteriza o processamento mental normal. Por isso, autistas atendem a detalhes independentes, fragmentados, sem perceber o contexto global do qual tais fragmentos fazem parte, formando um todo significativo.
2. No autismo, está ausente o nível mais alto do pensamento central, o da metarrepresentação, o de saber que sabemos, o de entender que o outro sabe, pensa e sente algo que pode ser diferente do que nós mesmos sentimos ou pensamos. A falta da habilidade de *mentalizar*, que obriga informações complexas advindas de fontes díspares a se unir num padrão significativo, explicaria

a tríade de disfunções do autismo assinalada por Wing (1981) (relacionamentos sociais prejudicados, comunicação prejudicada e jogo simbólico pobre ou ausente). Na área cognitiva, quando o autismo não se encontra associado a outros problemas e à deficiência mental, Frith afirma que funções cognitivas como percepção, discriminação, categorização, noções de causa e efeito (de natureza física) não se mostram prejudicadas. O problema cognitivo restringe-se à ausência de uma "teoria da mente", o que afetará uma série de aspectos no dia-a-dia.

Na função mental normal, atendemos a determinados estímulos "importantes, significativos ou relevantes", porque temos um processamento central que busca estrutura e coesão; isso, porém, não ocorre no caso de autistas segundo Frith. Neles, o sistema de atenção está intacto: crianças autistas conseguem manter atenção quando qualquer outra pessoa já teria se desinteressado; concentram-se em coisas que não interessariam a mais ninguém. No entanto, há prejuízos no processamento central e, por isso, "fatores incidentais do ambiente podem se tornar o principal foco de atenção para pessoas autistas. Aquilo que se mostra saliente para a maioria das pessoas, no que se refere à percepção, pode não se mostrar saliente para uma criança autista e *vice-versa*" (p. 109).

Frith mostra que um distúrbio específico de "teoria da mente" pesquisado, entre outros, por Charman e Baron-Cohen (1992 e 1993), Leslie (1987) e Leslie e Frith (1988), pode afetar tanto a função cognitiva quanto a interação socioafetiva e a comunicação. Isso explica as dificuldades que os autistas apresentam no jogo simbólico, no pensamento metafórico, na compreensão e produção de humor. Essa maneira de focalizar a problemática do autista, quando aplicada ao *savant* artista, é compatível com os resultados das diversas pesquisas de O'Connor e Hermelin. Tomados em conjunto, seus estudos demonstraram que a produção (*output*) dos *savants* revela uso de regras, estruturação de conteúdo, abstração e criatividade, contradizendo autores anteriores, que descreveram a produção *savant* como algo automático, de natureza basicamente concreta.

Nosso trabalho com Frederico assinalou que ele tem um vasto repertório de esquemas gráficos (léxico visual), ao qual se reporta segundo suas necessidades. Tal repertório é tão amplo que não foi viável traçar suas fronteiras. No entanto, esse léxico se mostrou organizado de forma semântica. Diante de suas produções, podemos notar que Frederico apresenta alguns comportamentos que se assemelham aos descritos por Frith quando trata dos autistas: atenção para detalhes e fragmentos (*input*) do meio que nos parecem peculiares ou excêntricos, como a memória para logotipos e símbolos presentes no ambiente. Esse foco de atenção se evidencia posteriormente no desenho (*output*). O fato de Frederico gravar símbolos e marcas é também característico da produção *savant*. Além disso, evidenciou-se que alguns de seus esquemas são antigos, remetidos à memória de longo prazo, ainda na infância. Essa habilidade se mostra singular, pois outras pessoas tidas como normais, até mesmo artistas, não necessitam manter um arquivo de memória visual tão repleto, porque, quando precisarem de uma imagem, dispõem de amplos recursos para encontrá-la. Não é necessário que se lembrem de *tudo*.

No entanto, diferentemente do que Frith sugere para pessoas autistas, nossa investigação mostrou que Frederico busca contextos que ofereçam um eixo de coesão para suas figuras. Além de contextos espaciais, Frederico apóia-se em referências temporais, que pontuam o significado de determinados eventos e organizam contextos numa ordem marcada pelo calendário.

Por outro lado, nosso estudo contradiz a hipótese original de Selfe (1983), desenvolvida com base no caso de Nadia, na qual se considerou que a *ausência da linguagem verbal* ou uma *linguagem bastante limitada* tornaria possível o desenvolvimento do desenho anômalo em alguns casos de autismo associado à deficiência mental, permitindo que a criança desenhasse atendo-se a aspectos observados, sem traduzir suas impressões para conceitos verbais. O processo de produção de Frederico evidencia o inter-relacionamento eloqüente entre o verbal e o visual. Cada figura tem um nome e pertence a uma classe. As soluções gráficas de Frederico demonstram sua capacidade de pensamento em categorias, tanto na modalidade visual como na verbal.

Além do raciocínio abstrato, que se revela na qualidade verbal de sua seleção de imagens, o uso de regras sistemáticas evidencia-se também no número limitado de alternativas de estruturação de espaço. Assim, apesar de um léxico visual enorme, suas soluções espaciais são restritas, fornecendo um sistema para a organização de tantas imagens.

Questões socioculturais

Introduzimos este estudo com uma narrativa de uma pequena comunidade, na qual cada ratinho tinha um trabalho considerado fundamental para a sobrevivência do grupo. Apesar do forte viés em direção a um enfoque individualista que costuma reger a análise de manifestações plásticas, os resultados deste estudo apontam para uma dimensão social basicamente ignorada em pesquisas anteriores sobre os *savants*. Essa dimensão sociocultural se revela, por um lado, na linguagem visual que Frederico toma emprestada do meio para sua expressão e, por outro lado, na atribuição do papel social de "artista" pelos seus pares, que reconhecem nele a figura de alguém que "sabe desenhar".

Assim, este estudo procurou demonstrar que a fonte de *inspiração* de Frederico (para utilizar um termo caro à área de artes) são imagens veiculadas no meio cultural. Foi possível identificar em portadores de imagem presentes no cotidiano não somente os temas selecionados, mas também os próprios esquemas gráficos de determinadas figuras e as soluções para organização espacial, configurando um certo estilo de linguagem visual.

No entanto, ao tomar emprestadas imagens e um estilo disseminados pelos veículos de massa, Frederico modifica-os de tal forma que ganham unidade estética na nova estrutura que ele estabelece. Não se trata de cópia, mas de citação visual, pois ele trabalha com bens culturais que pertencem a todos, transformando esquemas visuais conforme as necessidades do momento. Como vimos, na sua atividade plástica, evidencia-se o processo de interação entre a invenção pessoal e a apropriação da convenção.

Não deve ter escapado à atenção dos leitores que o estilo artístico de Frederico lembra o dos pintores primitivos (cf. capítulo 4). Consideramos que isso é resultado de uma série de fatores. Como os artistas primitivos, Frederico é autodidata e suas concepções sobre a "boa" pintura manifestam-se em seu resultado plástico: horror ao vazio, valorização de padrões decorativos, alternância de figuras ou marcas decorativas, tratamento cuidadoso e minucioso. Não tendo recebido instrução formal, a técnica da pintura não é sofisticada: não mistura pigmentos para obter novas tonalidades, não trabalha o fundo com tinta antes das figuras do primeiro plano. Além desses aspectos técnicos que lembram a pintura primitiva, a temática também remete a esse gênero. No entanto, parece-nos que a semelhança com pintores primitivos é conseqüência dos procedimentos utilizados, e não apropriação de estilo, já que seu contato com o gênero, se houve, deve ter sido bastante incidental. Além de veículo de expressão pessoal, o desenho, para Frederico, é utilizado como sistema para representar, compreender, organizar seus conhecimentos e interagir no mundo.

Numa discussão que nos parece útil para o caso de Frederico, Wertsch (1991) interpreta como pode acontecer de o desenho servir a tais funções. Utiliza de maneira mais ousada a metáfora proposta por Vygotsky das ferramentas psicológicas, entre as quais constam "a linguagem; vários sistemas para contar; técnicas mnemônicas; sistemas simbólicos algébricos; obras de arte; escrita; esquemas; diagramas; e desenhos mecânicos" (p. 104). Lembremo-nos de que, segundo Vygotsky (1987 e 1988), além de o homem produzir trabalhando com ferramentas físicas, ele também se utiliza de ferramentas psicológicas que medeiam sua interação com o outro. Wertsch propõe que pensemos nos diversos sistemas semióticos como um "kit de ferramentas", no qual cada instrumento tem funções distintas e necessárias. Assim como uma chave de fenda é mais eficiente do que um martelo para colocar um parafuso no lugar, determinados sistemas semióticos são mais eficientes que outros, conforme a tarefa social a ser realizada. Cada sistema foi inventado tendo em vista uma necessidade. Se explicações verbais fossem eficientes para indicar direções, por exemplo, não teria sido necessário inventar os mapas.

Dessa perspectiva, o desenho, para Frederico, pode ser compreendido como um instrumento extremamente eficiente. Dados os seus distúrbios de linguagem (perda auditiva séria, atraso no desenvolvimento da fala, emissão de difícil compreensão), o desenho ganha um papel ainda mais importante, mediando sua interação tanto no plano receptivo como no emissivo. Mas, além disso, mostra-se um instrumento mediador na interação com seus pares. Na arte, Frederico se faz homem, assume um papel produtivo e passa a ser identificado pelo grupo como uma pessoa capaz.

O encaminhamento profissional do artista portador de deficiência

Em última análise, a preparação para o trabalho é a questão mais relevante que perpassa a discussão do encaminhamento escolar dos portadores de deficiência que demonstram capacidade acentuada em alguma área de desempenho humano. Essa questão se torna particularmente complexa quando se trata de habilidade *artística* extraordinária, quando o que se coloca é uma profissão em artes.

Todos sabemos que, em nossa sociedade, há não apenas muito preconceito envolvendo as profissões ligadas às artes, como também uma problemática de ordem econômica, que atinge particularmente essa classe de trabalhadores. O trabalho em artes oferece pouco em matéria de segurança profissional, mesmo para pessoas não portadoras de deficiência (Durand 1989).

Assim, sugerir o encaminhamento de um jovem portador de deficiência na direção de uma profissionalização nessa área torna-se uma decisão muito séria e de grande responsabilidade ética – embora a decisão caiba à família, provavelmente ela será proposta por uma equipe de profissionais. Diante de tal sugestão, as atitudes da família poderão refletir a ambivalência característica da nossa sociedade com relação às artes, como vimos na história do rato Frederico, de Leo Lionni, no início deste trabalho: arte é diversão, não é trabalho. Aliás, Roger Bastide (1979) também comenta que, no senso comum, ainda se pensa que quem produz arte foi tocado pelos deuses.

Tal sugestão pode gerar fortes (e falsas) expectativas no jovem, em primeira instância, e certamente na família, em segunda, em virtude dos mitos que cercam a figura do artista entre nós, entre os quais, a possibilidade de fama fácil, dinheiro, reconhecimento. No entanto, o fato de uma decisão desse tipo precisar de cuidados não significa que ela tenha de ser de antemão descartada. Com base em dados de estudos e da observação do desempenho e da natureza da produção do jovem, e com a elaboração de propostas claras, seqüenciadas e realistas, a discussão do encaminhamento profissional em artes pode se mostrar objetiva. As possibilidades de trabalho em desenho, pintura e outras técnicas artísticas são muito mais numerosas do que se imagina.

A produção de bens culturais constitui, sem dúvida, um trabalho sim, mesmo com a vigência de determinados estereótipos sobre a produção e comercialização da arte como: os artistas são pessoas financeiramente desinteressadas; os *marchands* são vilões; os críticos são sábios; os mecenas, generosos (Durand 1989, p. XVIII). Como qualquer outro, esse trabalho é regido, em nosso meio, pelo mesmo tipo de regras que disciplinam o comércio de outros produtos.

Um cuidado especial será de natureza ética e, nesse sentido, uma citação do estudo de Brill (1940) ainda soa atual nos tempos de hoje para que fiquemos alertas quanto à exploração:

> Em virtude da pobreza na família, o pai explorava o talento do filho em exibições públicas e de outras formas. Sendo muito religioso, o pai dava conta do talento do filho como um dom enviado a ele (o pai) pelo Senhor. Usufruiu ao máximo do dom da criança, exibindo-a, e também a tinha ensinado a vender gravatas ao público após o espetáculo. (p. 721)

Assim, tratando-se da produção de deficientes, a primeira questão crítica é determinar qual produto será colocado à venda: a produção artística ou a história trágica do deficiente? Como profissionais envolvidos no encaminhamento profissional do portador de deficiência, não devemos ser ingênuos a ponto de ignorar a presença forte de um certo mercado faminto pelo consumo desse segundo tipo de produto. Tampouco podemos ignorar o fascínio que a possibilidade de comercialização desse produto exerce sobre a família, dada a sedução do dinheiro e do reconhecimento instantâneo que podem acompanhar a exposição na mídia. As conseqüências prejudiciais de tal encaminhamento dificilmente serão contabilizáveis, mas certamente se farão sentir. As preocupações de Ford (1991) retratam exatamente essa problemática.

Ao apresentar uma resenha do livro de ilustrações de Stephen Wiltshire, *Floating cities*, cuja publicação em 1991 no Reino Unido foi promovida por empresas de grande porte envolvidas no empreendimento e com grande estardalhaço da mídia, Ford (1991) faz uma severa crítica a esse tipo de exposição do autista, como se ele fosse uma máquina para produzir livros de ilustrações bonitas. Afirma:

> Somente se for tratado como um artista sério, aplicado, e não como *performer* no alto trapézio, é que sua obra terá chance de "se tornar carregada de profundidade moral e humana" e isso, diz Sacks [em Wiltshire 1991], depende do 'quanto ele puder se desenvolver como um ser humano genuíno, apesar de ser (como sempre o será) uma pessoa autista. (p. 105)

Nesse sentido, cabe lembrar que hoje parece estar havendo uma preocupação com a formação profissional de Wiltshire, matriculado num curso especial de arquitetura, como foi dito no capítulo 2.

Talvez seja uma trajetória mais árdua buscar perspectivas de futuro na profissionalização do deficiente com habilidade artística extraordinária do que simplesmente utilizar a mídia como recurso rápido de ascensão. Mesmo assim, é importante pesar as conseqüências dessa escolha a longo prazo para a *pessoa* do deficiente. Ford pergunta: "A criança 'incapaz de existência independente e que necessita de compreensão, apoio e carinho especiais' (Sacks) está realmente recebendo isso, quando é 'elevada ao *status* de melhor artista infantil da Grã-Bretanha', recebendo cobertura completa da mídia?"

Outra questão ética a considerar é o fator da perda do anonimato, pois, quando um artista amador se profissionaliza, sua assinatura acompanha sua obra. A primeira evidência da perda do anonimato é o uso do nome verdadeiro. Essa tendência é oposta ao que ocorre na maioria dos estudos de caso realizados por psicólogos, psicopedagogos ou psiquiatras, nos quais se protege a identidade do sujeito pela denominação por iniciais, uso do primeiro nome apenas ou escolha de pseudônimo. Como vimos na literatura relatada no decorrer deste trabalho, os artistas *savants*, na grande maioria, são chamados pelo nome e sobrenome, porque se tornaram artistas profissionais. Ora, acoplada ao nome, há uma história de vida que, em maior ou menor grau, torna-se pública. Se, no caso dos artistas não portadores de deficiência, o reconhecimento da crítica não apenas traz benefícios como também pode interferir na privacidade, esses profissionais, provavelmente, têm maiores recursos para controlar e limitar o grau de invasão em suas vidas particulares. Já no caso da pessoa portadora de deficiência, a exposição pode ser muito prejudicial, dada a sua fragilidade diante da sociedade.

Tendo considerado essas questões éticas, resta considerar quais são as bases para avaliar a aptidão artística no jovem portador de deficiência.

Decidindo por uma profissão em artes plásticas

Não pretendemos aqui definir o que constitui ou não arte, nem determinar se a produção de imagens dos *savants* pode ser julgada como tal. Além do fato de que tal discussão é abrangente demais para nossos propósitos, as considerações de Dubuffet (MacGregor 1989), entre outros, permitem que se aceitem como artísticas produções realizadas nas mais diversas condições. No século XX, artistas e historiadores de arte, em polêmicos encontros e desencontros, ampliaram muito os limites consagrados no passado dos conceitos do que seja arte e de quem seja artista.

Assim, atualmente, o reconhecimento do mercado é um dos aspectos que confirma a atividade profissional do artista. É essa a idéia subjacente nos comentários de Morishima e Brown (1976) quando afirmam que Yamamoto atingiu o "*status* de artista, evidenciado pelo fato de que foram realizadas exposições artísticas dez vezes, inclusive no Havaí e em Los Angeles, nos Estados Unidos, e no Japão" (p. 47). Stephen Wiltshire recebe direitos autorais de quatro livros de ilustrações; Alonzo Clemens, por intermédio de uma galeria em Aspen, no Colorado, vende esculturas em bronze; Richard Wawro já participou de inúmeras exposições e seus quadros também são comercializados internacionalmente.

No entanto, há outros critérios além da venda do produto. Aracy Amaral (1983) lembra:

> [existem] artistas ou "produtores de imagens" que se tornam reconhecidos – pela crítica, pelo meio social, pelo mercado e até por historiadores de arte – não pela singularidade e qualidade preservada de sua produção, porém, simplesmente, por sua perseverança no ofício e no meio artístico. No entanto, se examinarmos essas obras com olhos de fora, com um mínimo de lucidez – a despeito dessa complexa rede de injunções –, freqüentemente, poder-se-ia dizer, como na velha fábula, que "o rei estava nu". (p. 348)

Nesses casos, uma seleção de nível qualitativo acaba ocorrendo com o passar dos anos. Como diz Amaral (1983), "a implacabilidade do tempo realizará a devida filtragem" e determinará a produção "historicamente significativa" e "artisticamente importante" (p. 319).

No entanto, existe uma produção artística valiosa que pode ser ignorada pelas redes do mercado, do reconhecimento público e do crivo do tempo. Trata-se de uma obra pessoal, privada, às vezes escondida, daquele que "se expressa por absoluta 'necessidade vital' de comunicação e que, muitas vezes, não tem seu trabalho difundido ou reconhecido" (p. 350). Assim, diante disso, em vez de estabelecer critérios para avaliar se os *savants* podem ser enquadrados na categoria profissional de artistas, consideramos mais relevante analisar essa produção singular no sentido de compreender melhor *de que forma* ela atende a uma necessidade pessoal de quem a produz e *como* ela pode provocar uma resposta do outro, criando-se até mesmo uma demanda no público. Com esse tipo de enfoque, é possível pensar de forma mais ampla as opções de trabalho em desenho ou pintura para o *savant* artista.

Preparando a profissionalização de artistas deficientes

Howard Gardner, na apresentação do livro *The exceptional brain* (Obler e Fein 1988), afirma que não basta ao indivíduo ser extremamente talentoso e motivado, nem ter tido acesso ao campo apropriado de conhecimento. Se não avançar pela rede de afiliações profissionais adequada a sua área de desempenho, na forma regida pela cultura da qual é integrante e sendo identificado como membro de um grupo profissional, seu talento permanecerá ignorado e cairá no vazio.

Portadores de deficiência quase sempre necessitarão de algum tipo de suporte para introduzirem-se na "rede de afiliações profissionais", mencionada por Gardner. Todos os outros casos de artistas *savants* aqui discutidos receberam apoio nos planos institucional e familiar para poderem se desenvolver e trabalhar como artistas profissionais. A continuidade de sua atividade necessitou e depende até hoje da manutenção de algum tipo de suporte: Richard Wawro mora em casa e mantém sua produção artística com apoio do pai e do irmão; Stephen Wiltshire também conta com o apoio de familiares (mãe e irmã), além de uma agente literária; Alonzo Clemens trabalha no Colorado e conta com o suporte da família (Treffert 1990) e de uma *marchand* de uma galeria de arte em Aspen.

No entanto, é importante assinalar que a questão do ensino formal dos *savants* tem se mostrado polêmica. Para alguns autores, o ensino formal é descartado, o que pode indicar receio de que o talento, se for submetido a processos instrucionais, possa se diluir, perder sua pureza ou mesmo desaparecer, como ocorreu no caso de Nadia. Para outros, a questão do ensino formal é considerada importante. Mas, entre os que estudaram os *savants* artistas, poucos explicitaram linhas de ação. Exceção, nesse caso, são Morishima e Brown (1976), que chegaram a listar itens específicos de uma proposta de arte-educação. Esses itens exemplificam uma abordagem educacional cujo apoio seria aquilo que o deficiente já apresenta como seus recursos, mas incrementa e desafia o seu aprimoramento, por meio de estratégias cuidadosamente elaboradas.

Como se vê, as abordagens variam conforme o enfoque do trabalho e a população atendida. Por exemplo, visando à realização do potencial artístico do deficiente, alguns autores se apóiam numa abordagem totalmente contrária ao ensino formal. Considerando que a atuação inoportuna de um profissional desqualificado poderia acarretar mais prejuízos que benefícios ao indivíduo, propõem uma postura passiva do profissional. Nossa posição, no entanto, é a favor da intervenção respeitosa, mediadora e atuante de um profissional qualificado, que possa ajudar a realizar uma ponte entre artista e mercado, que possa documentar uma trajetória singular, que consiga promover aprendizagem técnica quando constatar tal necessidade.

Propostas para a profissionalização de Frederico

Com base nos resultados do acompanhamento semanal, realizado como parte deste estudo, pudemos constatar a viabilidade de um investimento num projeto de profissionalização desse artista em potencial, focalizando a avaliação em sua *capacidade*, em vez de em suas limitações.

As evidências das sessões semanais de intervenção atestam o amplo repertório gráfico de Frederico: são inúmeras figuras e objetos retratados de memória. Além da abrangência de repertório, os resultados do estudo de estratégias gráficas apontam para o uso de estratégias eficientes de organização espacial, além de pleno controle técnico de instrumental gráfico. Fred também demonstrou que é capaz de manter um bom ritmo de envolvimento num projeto gráfico a longo prazo, como se exige de um artista.

O trabalho ao lado de Frederico possibilitou que constatássemos que não há "mágica" na sua produção. Apesar de um domínio de técnicas básicas de desenho (pastel, caneta fina, lápis de cor, giz de cera), pintura (guache e tinta acrílica) e colagem, algumas limitações se evidenciaram com relação a: seleção adequada do tamanho e tipo de pincel; mistura de tonalidades de tinta; uso de lápis para planejamento prévio de espaço; dosagem de tinta e água; adaptação dos procedimentos conforme o suporte utilizado, entre outros.

Frederico usufruía do ensino, e as sugestões de natureza técnica, oferecidas no momento da atividade, geralmente foram compreendidas e atendidas, desde que demonstradas com clareza. Avaliação verbal posterior e discussão dos resultados, no entanto, não obtiveram resultados satisfatórios, quer por problema de comunicação, quer por dificuldades de compreensão.

Para que ele amplie sua rede de repertório e também se situe como ser social, profissional das artes plásticas, é fundamental que entre em contato mais diretamente com a obra de outros artistas do passado e do presente. Pensar o desenvolvimento artístico como manifestação meramente pessoal, individual, isolada da produção social do meio, é ao mesmo tempo ingênuo e irreal, já desde o fato de que Frederico apóia toda a sua produção em imagens absorvidas de revistas, jornal e televisão.

Na prática, então, consideramos que o trabalho de profissionalização de Frederico poderia focalizar atividades de pintura de quadros, ilustração e gravura, respeitando o estilo e o ritmo pessoais dele, incluindo um contato direto com resultados de pesquisas visuais de outros artistas, brasileiros ou não, contemporâneos ou não, ilustrados em livros, revistas ou filmes, por exemplo.

O uso de desenho para ilustração de textos pode ser uma vertente profissional viável, porque o jovem mostrou que seu repertório gráfico é bastante amplo e seguramente se enriqueceria com citações visuais novas. Algumas sessões de intervenção, elaboradas para avaliar sua capacidade nesse sentido, evidenciaram que Frederico pode aprender a levar em consideração o texto e, assim, relacionar suas figuras a ele, desde que a narração seja relativamente realista ou plausível (não metafórica). A fig. 7.1 (p. 192) corresponde à ilustração do poema "A ilha do pavão", produzida por Frederico. Tal empreendimento exige, por enquanto, a mediação de um adulto qualificado, tanto para ajudá-lo a avaliar sua produção, relacionando-a ao texto em questão, como para organizar convênios com editoras.

Ilha do pavão

O pavão abriu a cauda
Sobre o delta do Guaíba,
Disputando com o poente
De quem era a cor mais viva.
– Puá, riu o poente,
Tu és apenas ilha!
(Sérgio Caparelli 1987)

Acredita-se que, assim como Richard Wawro, Alonzo Clemens e Stephen Wiltshire, Frederico demonstra capacidade artística que permitiria sua atuação profissional como artista. No entanto, os resultados deste projeto indicam que Frederico ainda necessita de um acompanhamento de perto, tanto para viabilizar sua profissionalização em artes quanto para intermediar a venda de sua produção. Provavelmente, a decisão sobre seu encaminhamento profissional será tomada por outros (família, aconselhada por uma equipe profissional), e não pelo próprio interessado. Daí a importância de pesar possíveis benefícios contra os prejuízos da perda do anonimato.

Reiterando as questões éticas já levantadas neste capítulo, é preciso lembrar que não se pretende promover a profissionalização artística de Frederico e a venda de sua produção artística *porque* ele é deficiente, ao contrário, visa-se à valorização de sua produção artística dada sua capacidade, independentemente de suas limitações.

8
À GUISA DE CONCLUSÃO:
UM ARMAZÉM DE IMAGENS

Não foram grãos, nem palha, nem sementes que o ratinho Frederico da história de Leo Lionni escolheu armazenar para o tempo do frio. Recolheu *imagens* que tinham se mostrado significativas para aquela comunidade. Cores, sons e palavras, ele as estocou como imagens na memória, de tal forma que pudesse recuperá-las quando precisasse. Não foi longe para encontrá-las. Tudo o que ele queria estava a seu alcance, perto da toca, no muro. Quando chegou sua vez de trabalhar, a *palavra* foi a ferramenta com a qual organizou a memória cultural em nome do grupo ao qual pertencia. Seu trabalho e seu talento foram então reconhecidos pelos companheiros.

Frederico, o sujeito deste estudo, também foi reconhecido por seus companheiros de trabalho, no seu ambiente cotidiano, como alguém que sabe desenhar, alguém que merece ganhar uma medalha. Alguém que "tem a imaginação bem mais maior que a minha" (Cristiano). Apesar da importância da palavra na sua produção artística, como verificamos, foi com a *imagem* que Fred "organizou a memória cultural em nome do grupo" na Adere. Agora cabe perguntar que implicações os resultados desse estudo definem para outros Fredericos e outras Aderes.

Consideramos que a atividade artística deve ser parte integrante do currículo do ensino especial, oferecida a todos, independentemente da identificação de algum "talento". Isso porque a arte faz parte de nosso dia-a-dia e tem função importante na nossa cultura. A questão que se apresenta é a definição do melhor tipo de programa em artes, pois não é *qualquer* tipo de programa que propicia um desenvolvimento de aptidões artísticas e promove a inserção do jovem numa comunidade letrada em imagens.

Autores como Lindsley (1965) dirigem uma crítica a educadores que impedem a realização plena do potencial dos seus alunos quando desconsideram suas aptidões artísticas: "as habilidades superiores específicas não devem ser vistas como bizarras ou eventos raros, encobertos de mística. Tais habilidades devem ser consideradas como os eventos naturais e passíveis de entendimento que realmente são" (p. 230). Nessa visão, o papel do educador é o de selecionar caminhos e desenhar ambientes propícios nos quais as crianças sejam encorajadas a desenvolver suas habilidades, em vez de serem penalizadas por seus déficits. No caso do aluno identificado como talentoso, cabe à escola ou ao centro especializado buscar maneiras de promover sua preparação para um trabalho na área, cuidando para que seja vendido um produto legítimo, e não uma imagem da deficiência. Não há modelos prontos que mostrem *como* fazer isso. Trata-se de um desafio, como outros tantos que encontramos no trabalho com pessoas deficientes. Dado o pioneirismo desse tipo de empreendimento, ressaltamos a importância de um enfoque de *pesquisa*, por meio do qual o registro dos resultados possa nortear esforços posteriores.

Neste estudo, não nos propusemos a apresentar *mais uma* explicação para o fenômeno do *savant*, e sim a tentar elucidar aspectos referentes ao *processo* de produção artística de um artista *savant*. Focalizamos, portanto, a descrição de processos artísticos, resumida abaixo, sem tentar apontar causas para o fenômeno.

Foi possível demonstrar que Frederico se apóia em programas gráfico-motores relativamente cristalizados, que se estabeleceram, no caso de alguns esquemas, ainda no período do desenho infantil. Outro resultado importante foi o de que Frederico reutiliza os mesmos esquemas gráficos, reordenando-os e agrupando-os conforme as necessidades do quadro em questão. Como um artista, ele faz seus croquis, estudando as possibilidades antes de efetuar um trabalho definitivo, mas seus rascunhos são elaborados como listagens temáticas. Esse procedimento parece útil para o estabelecimento de esquemas e seleção de imagens relevantes, que posteriormente serão utilizadas em outros trabalhos.

Revelando processos de pensamento abstrato, Frederico descobriu maneiras de organizar seu enorme léxico gráfico num número limitado de programas espaciais. Para cada tipo de temática, cabe um tipo de solução espacial. Frederico elabora essas soluções mentalmente, antes do primeiro traço, não de forma aleatória ou automatizada, mas demonstrando planejamento prévio e antecipando resultados.

Apesar de aparentar "ausência", Frederico mostrou-se muito atento a elementos visuais de todo tipo. Sua temática, selecionada não de maneira arbitrária, mas, sim, significativa, retrabalha imagens presentes no meio, disponíveis em portadores de imagens como a televisão, os jornais e as revistas. O fato de que essas imagens não são apenas copiadas, mas sim citadas, retrabalhadas e agrupadas de novas maneiras, revela uma manipulação criativa (com soluções flexíveis, fluentes e originais).

Os problemas na área de linguagem e comunicação são sérios e têm prejudicado o desenvolvimento de Frederico e interferido no seu desempenho e na sua interação social. Como já afirmamos anteriormente, sua fala é muito difícil de compreender. É possível atribuir sentido a ela apenas quando Fred se refere a algo presente e/ou quando há uma rede de ouvintes dispostos, em conjunto, a decodificar sua emissão. Apesar dos severos prejuízos de linguagem, ou talvez por causa deles (na busca de compensar essa perda), sua linguagem plástica se mostrou permeada de significados verbais. É provável que a linguagem verbal seja uma importante ferramenta que auxilie Frederico a classificar e organizar as múltiplas imagens de seu enorme léxico. A linguagem verbal também se evidencia na contextualização de seus desenhos: suas cenas sugerem uma história ou evento. Mesmo demonstrando interação entre desenho e linguagem verbal, não foi possível levar Frederico a uma expressão gráfica de natureza claramente metafórica, mítica, simbólica ou humorística. Essa tentativa, promovida ao final deste estudo, merece, dada a sua importância na literatura, uma investigação aprofundada.

Apesar de nosso objetivo não ter sido *explicar* o fenômeno *savant*, não podemos nos esquivar de salientar as vertentes que consideramos mais relevantes entre as tentativas de explicar as habilidades extraordinárias dos *savants* apresentadas na literatura.

Embora autores como Ericsson e Faivre (1988) afirmem considerar que as habilidades dos *savants* possam ser explicadas simplesmente como habilidades adquiridas por meio de extensa prática, quando há grande motivação e interesse numa área, outros autores insistem que "as habilidades especiais *são* especiais", sim (Rimland e Fein 1988, p. 510, destaque dos autores).

A ciência ainda está distante de comprovar qualquer uma das hipóteses sugeridas sobre os substratos neurobiológicos propostos como responsáveis pelas habilidades extraordinárias; no entanto, parece ser significativo o fato de que muitos dos *savants* em quem foi realizado um diagnóstico criterioso apresentem algum tipo de distúrbio de natureza orgânica. No futuro, com o apoio de novos instrumentos de investigação, é possível que surja na área de neuropsicologia alguma explicação convincente para o fenômeno *savant*. Simultaneamente, os estudos sobre autismo podem contribuir para esclarecer melhor questões relacionadas à memória, funções cognitivas e ausência de uma "teoria da mente" nessa população.

Parece-nos que, do ponto de vista teórico, a principal contribuição da literatura recente sobre os *savants* é o questionamento da concepção da inteligência "g", que buscava igualar não somente todas as mentes, mas também o nível cognitivo geral em cada mente. A idéia da inteligência "g" tem sido contestada com base nos estudos sobre *savants* (e também sobre pessoas consideradas normais com talentos extraordinários). Em virtude disso, surgem novas maneiras de enfocar o *construto*, como a teoria das "múltiplas inteligências" (Gardner 1983), a teoria da modularidade da mente (Fodor 1983) e a explicação das habilidades independentes da inteligência (Howe 1989; O'Connor e Hermelin 1988). No seu conjunto, a produção científica de pesquisadores como esses parece sugerir que o desenvolvimento de habilidades em uma área específica de desempenho humano tende a não se generalizar de um campo de atuação para o outro.

Se, por um lado, temos tido a oportunidade de nos debruçar sobre uma vasta literatura que trata do fenômeno em questão, por outro, também pudemos constatar a ausência de um enfoque de pesquisa que abordasse o fenômeno em sua dimensão sociocultural. Esperamos ter contribuído nesse sentido, oferecendo um estudo que ultrapasse o nível bibliográfico – mais uma história sobre um deficiente que vence suas limitações por meio de sua arte! – e que ofereça uma pesquisa na qual o sujeito é investigado considerando-se sua produção no contexto ao qual ele pertence e no grupo que lhe é significativo.

Um armazém de imagens

Este estudo procurou demonstrar que Frederico, o artista, também tem seu armazém de imagens – imagens significativas para o contexto sociocultural do qual ele faz parte – coletadas no próprio meio, em portadores de texto e de imagens acessíveis ao seu olhar atento e faminto. São imagens visuais permeadas de significado verbal, o que possivelmente facilita a recuperação do traço de memória quando a atividade o exige. Operando com as imagens, ele as torna suas; elabora significados difíceis de estruturar em outras linguagens. Situa-se no tempo, organiza seu espaço e se faz homem, integrante de um grupo alfabetizado na leitura de imagens visuais.

REFERÊNCIAS BIBLIOGRÁFICAS

ALTSHULER, K. e BREBBIA, D.R. (1968). "Sleep patterns and EEG recordings in twin idiot savants". *Psychophysiology* 5, pp. 244-245.

AMARAL, A.A. (1983). *Arte e meio artístico: Entre a feijoada e o x-burguer*. São Paulo: Nobel.

ANASTASI, A. e LEVEE, R. (1960). "Intelectual defect and musical talent: A case report". *American journal of mental deficiency* 64, pp. 695-703.

ANWAR, F. e HERMELIN, B. (1982). "An analysis of drawing skills in mental handicap". *Australia and New Zealand Journal of Developmental Disabilities* 8(3), pp. 147-155.

AQUINO, F. de (1978). *Aspectos de pintura primitiva brasileira*. Rio de Janeiro: Spala.

ARAM, D. e HEALY, J. (1988). "Hyperlexia: A review of extraordinary word recognition". In: OBLER, L. e FEIN, D. (orgs.). *The exceptional brain – Neuropsychology of talent and special abilities*. Nova York: The Guilford Press.

ARNHEIM, R. (1986). *Arte e percepção visual*. São Paulo: Pioneira.

AZEVEDO, M.F.; VILANOVA, L.C.P.; CARVALHO, R.M.M.; GARCIA, V.L. e FUJONAMI, A.P. (1989). "Rubéola congênita: Características dos aspectos clínicos e audiológicos". *ACTA AWHO* 8(3), pp. 97-104.

BARR, M. (1898). "Some notes on echolalia, with the report of an extraordinary case. *Journal of Nervous and Mental Disease* 25, pp. 20-30.

BASTIDE, R. (1979). *Arte e sociedade.* São Paulo: Nacional.

BECKER, L. (1983). *With eyes wide open.* Filme documentário. Universidade do Texas em Austin: Austin, Texas.

BENEZIT, E. (1976). *Dictionnaire critique et documentaire des peintres, sculpteurs, dessinateurs et graveurs.* Paris: Libraire Grund.

BERGMAN, J. e DePUE, W. (1986). "Musical idiot savants". *Music Educators Journal* (janeiro), pp. 37-40.

BINET, A. (1894). *Psychologie des grands calculateurs et joueurs d'échecs.* Paris: Hachette.

BOGYO, L. e ELLIS, R. (1988). "A study in contrasts". *In:* OBLER, L. e FEIN, D. (orgs.). *The exceptional brain – Neuropsychology of talent and special abilities.* Nova York: The Guilford Press.

BRILL, A.A. (1940). "Some peculiar manifestations of memory with special reference to lightning calculators". *The journal of Nervous and Mental Disease* 92, pp. 709-726.

BROWN, E. e DEFFENBACHER, K. (1988). "Superior memory performance and mnemonic encoding". *In:* OBLER, L. e FEIN, D. (orgs.). *The exceptional brain – Neuropsychology of talent and special abilities.* Nova York: The Guilford Press.

BURLING III, T.; SAPPINGTON, J. e MEAD, A. (1983). "Lateral specialization of a perpetual calendar task by a moderately mentally retarded adult". *American Journal of Mental Deficiency* 88(3), pp. 326-328.

BYRD, H. (1920). "A case of phenomenal memorizing by a feeble-minded negro". *Journal of Applied Psychology* 4, pp. 202-206.

CAPARELLI, S. (1987). *Boi da cara preta.* Porto Alegre: LPM.

CHARMAN, A. e BARON-COHEN, S. (1992). "Understanding drawings and beliefs: A further test of the metarepresentation theory of autism: a research note". *Journal of Child Psychology and Psychiatry and Allied Disciplines* 33, pp. 1.105-1.112.

_____ (1993). "Drawing development in autism: The intellectual to visual realism shift". *British Journal of Developmental Psychology* 11, pp. 171-186.

CHARNESS, N.; CLIFTON, J. e MACDONALD, L. (1988). "A case study of a musical 'mono-savant': A cognitive psychological focus". *In:* OBLER, L. e FEIN, D. (orgs.). *The exceptional brain – Neuropsychology of talent and special abilities.* Nova York: The Guilford Press.

CHESS, S. (1977). "Follow-up report on autism in congenital rubella". *Journal of Autism and Childhood Schizophrenia* 7(1), pp. 69-81.

CLARK, G. A. e ZIMMERMAN, E.D. (1984). *Educating artistically talented students.* Syracuse, Nova York: Syracuse University Press.

COBRINIK, L. (1974). "Unusual reading ability in severely disturbed children". *Journal of Autism and Childhood Schizophrenia* 4(2), pp. 163-175.

_____ (1982). "The performance of hyperlexic children on an 'incomplete words' task". *Neuropsychologia* 20(5), pp. 569-577.

COX, M. (1991). *The child's point of view*. Londres: Harvester Press.

_____ (1996). *Desenho da criança*. Trad. Evandro Ferreira. São Paulo: Martins Fontes.

CRITCHLEY, M. (1979). *The divine banquet of the brain*. Nova York: Raven Press.

CSIKSZENTMIHALYI, M. e ROBINSON, R. (1990). "Culture, time and the development of talent". *In*: STERNBERG, R. e DAVIDSON, J. *Conceptions of giftedness*. Cambridge: Cambridge University Press.

DELANGE, F. e BÜRGI, H. (1989). "Iodine deficiency disorders in Europe". *Bulletin of the World Health Organization* 67(3), pp. 317-325.

DeLONG, G.R.; STANBURY, J. e FIERRO-BENITEZ, R. (1985). "Neurological signs in congenital iodine-deficiency disorder (endemic cretinism)". *Developmental Medicine & Child Neurology* 27, pp. 317-324.

DEMARCO, R. (s.d.). "Rias Gallery – Drawings by Stephen Wiltshire". *Prospect Quarterly Journal*.

DESMOND, M.; WILSON, G.; VORDERMAN, A.; MURPHY, M.; THURBER, S.; FISHER, E. e KROULIK, E. (1985). "The health and educational status of adolescents with congenital rubella syndrome". *Developmental Medicine and Child Neurology* 27, pp. 721-729.

DI LEO, J. (1973). "Children's drawings as diagnostic aids". Nova York: Brunner/Mazel Publishers.

DIECI, M. e GUARNIERI, A.M. (1990). "The idiot savant: A reconsideration of the syndrome". *American Journal of Psychiatry* 147(10), p. 1.387.

DOWN, J.L. (1887). *On some of the mental affections of childhood and youth*. Londres: J.& A. Churchill.

DUCKETT, J. (1976). "Idiot savants: Super specialization in mentally retarded persons". Tese de doutorado. Universidade de Texas, em Austin.

_____ (1977). "Adaptive and maladaptive behavior of idiots savants". *American Journal of Mental Deficiency* 82, pp. 308-311.

DURAND, J.C. (1989). *Arte, privilégio e distinção*. São Paulo: Perspectiva.

ERICSSON, K.A. e FAIVRE, I.A. (1988). "What's exceptional about exceptional abilities". *In*: OBLER, L. e FEIN, D. (orgs.). *The exceptional brain – Neuropsychology of talent and special abilities*. Nova York: The Guilford Press.

FELDMAN, H.A. (1973). "Rubella". *In*: FINLAND, M. *Obstetric and perinatal infections*. S.l.: Lea & Febiger.

FERREIRO, E. e TEBEROSKY, A. (1986). *Psicogênese da língua escrita*. Porto Alegre: Artes Médicas.

FODOR, J. (1983). *The modularity of mind*. Cambridge, Massachusetts: MIT Press.

FOERSTL, J. (1989). "Early interest in the idiot savant". *American Journal of Psychiatry* 146, pp. 4, 566.

FORD, B. (1991). "Floating boy". *Modern Painters* 4(2), pp. 104-105.

FORREST, D. (1969). "New words and neologisms with a thesaurus of coinages by a schizophrenic savant". *Psychiatry* 32, pp. 44-47.

FREEMAN, N. (1980). *Strategies of representation in young children*. Londres: Academic Press.

FRITH, U. (1989). *Autism: Explaining the enigma*. Oxford: Blackwell.

_____ (1993). *Autism and Asperger syndrome*. Cambridge: Cambridge University Press.

GARDNER, H. (1976). *The shattered mind*. Nova York: Vintage Books.

_____ (1980). *Artful scribbles: The significance of children's drawings*. Nova York: Basic Books.

_____ (1983). *Frames of mind*. Londres: Fontona Press.

_____ (1993). *Multiple intelligences – The theory in practice*. Nova York: Basic Books.

GESCHWIND, N. e GALABURDA, A. (1985). *Cerebral lateralization – Biological mechanisms, associations, and pathology*. Cambridge, Massachusetts: MIT Press.

GIRAY, E. e BARCLAY, A. (1977). "Eidetic imagery: Longitudinal results in brain-damaged children". *American Journal of Mental Deficiency* 82(3), pp. 311-314.

GIVENS, K.; LEE, D.; JONES, T. e ILSTRUP, D. (1993). "Congenital rubella syndrome: Ophthalmic manifestations and associated systemic disorders". *British Journal of Ophtalmology* 77, pp. 358-363.

GODDARD, H.H. (1914). *Feeblemindedness*. Nova York: MacMillan.

GOLDBERG, T. (1987). "On hermetic reading abilities". *Journal of Autism and Developmental Disorders* 17(1), pp. 29-44.

GOLDSMITH, L. e FELDMAN, D. (1988). "Idiots savants – Thinking about remembering: A response to White". *New Ideas in Psychology* 6 (1), pp. 15-23.

GOLOMB, C. (1992). *The child's creation of a pictorial world*. Los Angeles: University of California Press.

GOODENOUGH, F.L. (1926). *Measurements of intelligence by drawings*. Nova York: World Book Co.

GOODMAN, J. (1972). "A case study of an 'autistic-savant': Mental function in the psychotic child with markedly discrepant abilities". *Journal of Child Psychology and Psychiatry and Allied Disciplines* 13, pp. 267-278.

GOODNOW, J. (1979). *Desenho de crianças*. Trad. Maria Goretti Henriques. Lisboa: Moraes Editores.

GRANDIN, T. (1996). *Thinking in pictures and other reports from my life with autism*. Nova York: Vintage Books.

GRANDIN, T. e SCARIANO, M. (1999). *Uma menina estranha. Autobiografia de uma autista*. Trad. Sergio Flaksman. São Paulo: Companhia das Letras.

GRAY, C. e GUMMERMAN, K. (1975). "The enigmatic eidetic image: A critical examination of methods, data and theories. *Psychological Bulletin* 82(3), pp. 383-407.

HABER, R.N. e HABER, L.R. (1988). "The characteristics of eidetic imagery". *In*: OBLER, L. E FEIN, D. (orgs.). *The exceptional brain – Neuropsychology of talent and special abilities*. Nova York: The Guilford Press.

HARRIS, D.B. (1963). *Children's drawing as measures of intellectual maturity*. Nova York: Harcourt, Brace & World.

HERMELIN, B. e O'CONNOR, N. (1986a). "Idiot savant calendrical calculators: Rules and regularities". *Psychological Medicine* 16(4), pp. 885-893.

_____ (1986b). "Spatial representations in mathematically and in artistically gifted children". *British Journal of Educational Psychology* 56, pp. 150-157.

_____ (1990a). "Art and accuracy: The drawing ability of idiot savants". *Journal of Child Psychology and Psychiatry and Allied Disciplines* 31(2), pp. 217-228.

_____ (1990b). "Factors and primes: A specific numerical ability". *Psychological Medicine* 20(1), pp. 163-169.

HERMELIN, B.; O'CONNOR, N. e LEE, S. (1987). "Musical inventiveness of five idiots savants". *Psychological Medicine* 17, pp. 685-694.

HERMELIN, B.; O'CONNOR, N.; LEE, S. e TREFFERT, D. (1989). "Intelligence and musical improvisation". *Psychological Medicine* 19(2), pp. 447-457.

HERMELIN, B.; PRING, L. e HEAVY, L. (1994). "Visual and motor functions in graphically gifted savants". *Psychological Medicine* 24(3), pp. 673-680.

HETZEL, B.S. (1986). "Mental defect due to iodine deficiency: A major international public health problem that can be eradicated". *In*: Berg, J.M (org.). *Science and service in mental retardation*. Londres: World Health Organization e Menthuen.

HEUYER, M.M. e SEMELAIGNE (1921). "Un débile mental calculateur de calendrier". *L'Encéphale* 16, p. 59.

HILL, A.L. (1974). "Idiots savants: A categorization of abilities". *Mental Retardation* 12, pp. 12-13.

_____ (1975). "An investigation of calendar calculating by an idiot savant". *American Journal of Psychiatry* 132(5), pp. 557-560.

_____ (1977). "Idiots savants: Rate of incidence". *Perceptual and Motor Skills* 44, pp. 161-162.

_____ (1978). "Savants: Mentally retarded individuals with special skills". In: ELLIS, N.L. (org.). *International Review of Research in Mental Retardation*, v. 9. Nova York: Academic Press.

HO, E.; TSANG, A. e HO, D. (1991). "An investigation of the calendar calculation ability of a chinese calendar savant". *Journal of Autism and Developmental Disorders* 21(3), pp. 315-327.

HOFFMAN, E. (1971). "The idiot savant: A case report and review of explanations". *Mental Retardation* 9, pp. 18-21.

HOFFMAN, E. e REEVES, R. (1979). "An idiot savant with unusual mechanical ability". *American Journal of Psychiatry* 136(5), pp. 713-714.

HORWITZ, W.A., DEMING, W.E. e WINTER, R. F. (1969). "A further account of the idiot savants: Experts with the calendar". *American Journal of Psychiatry* 126, pp. 160-163.

HORWITZ, W.; KESTENBAUM, C.; PERSON, E. e JARVIK, L. (1965). "Identical twins – 'Idiot savants' – Calendar calculators". *American Journal of Psychiatry* 121, pp. 1.075 -1.079.

HOWE, M.J.A. (1989). "Separate skills or general intelligence: The autonomy of human abilities". *British Journal of Educational Psychology* 59, pp. 351-360.

_____ (1990). *The origins of exceptional abilities*. Oxford: Basil Blackwell.

_____ (1991). *Fragments of genius – The strange feats of idiots savants*. Londres: Routledge.

HOWE, M.J.A. e SMITH, J. (1988). "Calendar calculating in idiots savants. How do they do it?". *British Journal of Social Psychology* 79, pp. 371-386.

HURST, L. e MULHALL, D. (1988). "Another calendar savant". *British Journal of Psychiatry* 152, pp. 274-277.

ICHIBA, N. (1990). "West syndrome associated with hyperlexia". *Pediatric Neurology* 6(5), pp. 344-348.

IRELAND, W.W. (1898). *The mental affections of children. Idiocy, imbecility and insanity*. Londres: J.& A. Churchill.

JAMES, F.E. (1991). "Some observations on the writings of Felix Platter (1539-1614) in relation to mental handicap". *History of Psychiatry* 2, pp. 103-108.

JONES, H.E. (1926). "Phenomenal memorizing as a 'special ability'". *Journal of Applied Psychology* 10, pp. 367-377.

JURE, R.; RAPIN, I; TUCHMAN, R.E. (1991). "Hearing impairment in autistic children". *Developmental Medicine and Child Neurology* 33, pp. 1.062-1.072.

KEHRER, H.E. (1992). "Savant capabilities of autistic person". *Acta Paedopsychiatrica* 55, pp. 151-155.

LANE, H. (1976). *The wild boy of Aveyron*. Cambridge, Massachusetts: Harvard University Press.

LA FONTAINE, L. (1974). "Divergent abilities in the idiot savant". Tese de doutorado. Faculdade de Educação. Universidade de Boston, Massachusetts.

LA FONTAINE, L. e BENJAMIN, G. (1971). "Idiot savants: Another view". *Mental Retardation* 9(6), pp. 41-42.

LARK HOROWITZ, B.; LEWIS, H. e LUCA, M. (1967). *Understanding children's art for better teaching*. Columbus, Ohio: Charles E. Merril.

LEE, M. (1989). "When is an object not an object? The effect of 'meaning' upon the copying of line drawings". *British Journal of Psychology* 80, pp. 15-37.

LESLIE, A. (1987). "Pretense and representation: The origins of a 'theory of mind'". *Psychological Review* 94, pp. 412-426.

LESLIE, A. e FRITH, U. (1988). "Autistic children's understanding of seeing, knowing and believing. *British Journal of Developmental Psychology* 6, pp. 315-324.

LEWIS, M. (1985). "Gifted or dysfunctional: The child savant". *Pediatric Annals* 14(10), pp. 733-742.

LINDSLEY, O.R. (1965). "Can deficiency produce specific superiority? – The challenge of the idiot savant". *Exceptional Children* 31(5), pp. 225-232.

LIONNI, L. (1998). *Frederico*. Trad. Monica Stahel. São Paulo: Martins Fontes.

LOWENFELD, V. e BRITTAIN, W.L. (1977). *Desenvolvimento da capacidade criadora*. Trad. Álvaro Cabral. São Paulo: Mestre Jou.

LUCCI, D.; FEIN, D.; HOLEVAS, A. e KAPLAN, E. (1988). "Paul: A musically gifted autistic boy". *In*: OBLER, L. E FEIN, D. (orgs.). *The exceptional brain – Neuropsychology of talent and special abilities*. Nova York: The Guilford Press.

LURIA, A.R. (1999). *Mente e memória: Um pequeno livro sobre uma vasta memória*. Trad. Cláudia Berliner. São Paulo: Martins Fontes.

LURIA, A. (1988). "A psicologia experimental e o desenvolvimento infantil". *In*: VYGOTSKY, L.S.; LURIA, A.R. e LEONTIEV, A.N. *Linguagem, desenvolvimento e aprendizagem*. São Paulo: Ícone.

MacGREGOR, J. (1989). *The discovery of the art of the insane*. Princeton, New Jersey: Princeton University Press.

MARTINS, M.C. (1992). "Não sei desenhar: Implicações do desvelar/ampliar no desenho na adolescência: Uma pesquisa com adolescentes em São Paulo".

Dissertação de mestrado. Escola de Comunicações e Artes, Universidade de São Paulo.

MATTHEWS, J. (1984). "Children drawing: Are young children really scribbing?". *Early Child Development and Care* 18, pp. 1-39.

_____ (1989). "How young children give meaning to drawing". *In*: GILROY, A. e DALLEY, T. *Pictures at an exhibition. Selected essays on art and art therapy*. Londres: Tavistock/Routledge.

MATTHYSE, S. e GREENBERG, S. (1988). "Anomalous calculating abilities and the computer architecture of the brain". *In*: OBLER, L. E FEIN, D. (orgs.). *The exceptional brain – Neuropsychology of talent and special abilities*. Nova York: The Guilford Press.

McMULLEN, T. (1991). "The savant syndrome and extrasensory perception". *Psychological Reports* 69, pp. 1.004-1.006.

MECCACCI, L. (1987). *Conhecendo o cérebro*. Trad. Eduardo Brandão. São Paulo: Nobel.

MILLER, L. (1987a). "Developmentally delayed musical savant's sensitivity to tonal structure". *American Journal of Mental Deficiency* 91(5), pp. 467-471.

_____ (1987b). "Determinants of melody span in a developmentally disabled musical savant". *Psychology of Music* 15(1), pp. 76-89.

_____ (1989). *Musical savants – Exceptional skill in the mentally retarded*. Hillsdale, New Jersey: Lawrence Erlbaum Associates.

MINOGUE, B. (1923). "A case of secondary mental deficiency with musical talent". *Journal of Applied Psychology* 7, pp. 349-352.

MONTY, S. (1982). *May's boy*. Londres: Mowbray University Press.

MORGAN, J.B. (1936). *The psychology of abnormal people with educational applications*. Londres: Longmans, Green & Co.

MOROSHIMA, A. (1974). "'Another van Gogh of Japan': The superior artwork of a retarded boy". *Exceptional Children* (outubro), pp. 92-96.

_____ (1975). "His spirit raises the ante for retardates". *Psychology Today* (junho), pp. 72-73.

MOROSHIMA, A e BROWN, L. (1976). "An idiot savant case report: A retrospective view". *Mental Retardation* 13(4), pp. 46-47.

_____ (1977). "A case report on the artistic talent of an autistic idiot savant". *Mental Retardation* 15 (abril), pp. 33-36.

MOTSUGI, K. (1968). "Shyochan's drawings of insects". *Japanese Journal of Mentally Retarded Children* 119, pp. 44-47.

NORRIS, D. (1990). "How to build a connectionist idiot (savant)". *Cognition* 35, pp. 277-291.

NORTHERN, J. e DOWNS, M. (1989). *Audição em crianças*. Trad. M.L. Madeira; L. Guimarães; M.M. Menezes; A. Félix; M. Ezebele. São Paulo: Manole.

NURCOMBE, B. e PARKER, N. (1963). "The idiot savant". *American Journal of Orthopsychiatry* 33, pp. 737-740.

OBLER, L. e FEIN, D. (orgs.) (1988). *The exceptional brain – Neuropsychology of talent and special abilities*. Nova York: The Guilford Press.

O'CONNOR, N. (1983). "The idiot savant: Flawed genius or clever Hans?". *Psychological Medicine* 13, pp. 479-481.

_____ (1987). "Intelligence, handicaps and talents". *The Mental Retardation & Learning Disability Bulletin* 15(2), pp. 41-56.

_____ (1989). "The performance of the 'idiot savant': Implicit and explicit". *British Journal of Disorders of Communication* 24, pp. 1-20.

O'CONNOR, N. e HERMELIN, B. (1984). "Idiot savant calendrical calculators: Maths or memory". *Psychological Medicine* 14(4), pp. 801-806.

_____ (1987a). "Visual and graphic abilities of the idiot savant artist". *Psychological Medicine* 17, pp. 79-90.

_____ (1987b). "Visual memory and motor programmes: Their use by idiot savant artists and controls". *British Journal of Psychology* 78(3), pp. 307-323.

_____ (1988). "Low intelligence and special abilities". *The Journal of Child Psychology and Psychiatry and Allied Disciplines* 29(4), pp. 391-396.

_____ (1990). "The recognition failure and graphic success of idiot savant artists". *The Journal of Child Psychology and Psychiatry and Allied Disciplines* 31(2), pp. 203-215.

_____ (1991a). "A specific linguistic ability". *American Journal on Mental Retardation* 95(6), pp. 673-680.

_____ (1991b). "Talents and preocupations in idiots savants". *Psychological Medicine* 21, pp. 959-964.

_____ (1992). "Do young calendrical calculators improve with age?". *The Journal of Child Psychology and Psychiatry and Allied Disciplines* 33(5), pp. 907-912.

OHTSUKA, A.; MIYASAKA, Y. e KAMIZONO, S. (1991). "The calendar calculating process: 'Idiot savant' calendar calculators". *Japanese Journal of Special Education* 29(1), pp. 3-22.

OWENS, W e GRIMM, W. (1941). "A note regarding exceptional musical ability in a low-grade imbecile". *The Journal of Educational Psychology* 32, pp. 636-637.

PAIVIO, A. (1971). *Imagery and verbal processes*. Nova York: Holt, Reinhart e Winston.

PARISER, D. (1981). "Nadia's drawings: Theorizing about an autistic child's phenomenal ability". *Studies in Art Education* 22(2), pp. 20-31.

PARKER, S.W. (1917). "A pseudo-talent for words – The teachers report to Dr. Witmer". *The Psychological Clinic* 11(1), pp. 1-17.

PATTI, P. e LUPINETTI, L. (1993). "Brief report: Implications of hyperlexía in an autistic savant". *Journal of Autism and Developmental Disorders* 23(2), pp. 397-405.

PESSOTTI, I. (1984). *Deficiência mental: Da superstição à ciência*. São Paulo: Edusp e Queiroz.

PHILLIPS, A. (1930). "Talented imbeciles". *Psychological Clinics* 18, pp. 246-255.

PHILLIPS, M. e DAWSON, J. (1985). *Doctors' dilemmas: Medical ethics and contemporary science*. Sussex, Reino Unido: The Harvester Press.

PHILLIPS, W.; INALL, M. e LAUDER, E. (1985). "Graphic descriptions". In: FREEMAN, N.H. E COX, M.V. (org.). *Visual order – The nature and development of pictorial representation*. Nova York: Cambridge University Press.

PINTNER, R. (1924). *Intelligence testing: Methods and results*. Londres: London University Press.

PODOLSKY, E. (1953). *Encyclopedia of aberrations*. Londres: Arco Publications Limited.

PRESTY, S.K; TURKHEIMER, E.; TUEL, S.M.; TEATES, C.D.;CAIL, W.S.; JANE, J.A. e BARTH, J.T. (1991). "Clinical, neuropsychological, and neuroradiological profile of an acquired savant". *Journal of Clinical and Experimental Neuropsychology* 13(1), p. 39.

PRING, L. e HERMELIN, B. (1993). "Bottle, tulip and wineglass: Semantic and structural picture processing by savant artists". *The Journal of Child Psychology and Psychiatry and Allied Disciplines*, 34(8), pp. 1.365-1.385.

PRINZHORN, H. (1972). *Artistry of the mentally ill*. Nova York: Springer.

RADFORD, J.(1990). *Child prodigies and exceptional early achievers*. Nova York: Harvester Wheatsheaf.

REILY, L. (1990). "Nós já somos artistas: Estudo de caso longitudinal da produção artística de pré-escolares portadores de paralisia cerebral". Dissertação de mestrado. Instituto de Psicologia, Universidade de São Paulo.

_____ (1994). "Armazém de imagens: Estudo de caso de jovem artista portador de deficiência múltipla". Tese de doutorado. Instituto de Psicologia, Universidade de São Paulo.

RIFE, D. e SNYDER, L. (1931). "A genetic refutation of the principles of 'behavioristic' psychology". *Human Biology* 3, pp. 547-559.

RIMLAND, B. (1978). "Inside the mind of the autistic savant". *Psychology Today* (agosto), pp. 69-80.

RIMLAND, B. e FEIN, D. (1988). "Special talents of autistic savants". *In*: OBLER, L. E FEIN, D. (orgs.). *The exceptional brain – Neuropsychology of talent and special abilities.* Nova York: The Guilford Press.

RIMLAND, B. e HILL, A.L. (1983). "Idiots savants". *In*: WORTIS, J. (org.). *Mental retardation and developmental disabilities.* Nova York: Plenum.

ROBERTS, D. (1945). "Case history of a so-called idiot savant". *Journal of Genetic Psychology* 66, pp. 259-265.

ROSEN, A. (1981). "Adult calendar calculators in a psychiatric OPD: A report of two cases and comparative analysis of abilities". *Journal of Autism and Developmental Disorders* 11(3), pp. 285-292.

ROSENBLATT, E. e WINNER, E. (1988). "Is superior visual memory a component of superior drawing ability?". *In*: OBLER, L. e FEIN, D. (orgs.). *The exceptional brain – Neuropsychology of talent and special abilities.* Nova York: The Guilford Press.

ROTHSTEIN, H.J. (1942). *A study of aments with special abilities.* Dissertação de mestrado. Universidade de Columbia, Nova York.

SACKS, O. (1988). *O homem que confundiu sua mulher com o chapéu.* Trad. Talita Rodrigues. Rio de Janeiro: Imago.

_____ (1993). "An anthropologist on Mars". *The New Yorker* (27/12), pp. 106-125.

_____ (1996). *Um antropólogo em Marte.* São Paulo: Companhia das Letras.

SAKURA, A. (1988). "Royal Earlswood Hospital: A historical sketch". *Journal of the Royal Society of Medicine* 81 (fevereiro), pp. 107-108.

SANO, F. (1918). "James Henry Pullen, the genius of Earlswood". *The Journal of Mental Science* 64, pp. 251-267.

SARASON, S e GLADWIN, T. (1958). "Psychological and cultural problems in mental subnormality: A review of research". *Genetic Psychology Monographs* 57, pp. 3-290.

SCHEERER, M.; ROTHMANN, E. e GOLDSTEIN, K. (1945). "A case of 'idiot savant': An experimental study of personality organization". *Psychology Monographs* 58, pp. 1-63.

SEGUIN, E. (1866). *Idiocy and its treatment by the physiological method.* Albany, Nova York: Brandow Printing Company.

SELFE, L. (1977). *Nadia: A case of extraordinary drawing ability in an autistic child.* Nova York: Harvest/HBJanovich.

_____ (1983). *Normal and anomalous representational drawing ability in children.* Nova York: Academic Press.

_____ (1985). "Anomalous drawing development: Some clinical studies". *In*: FREEMAN, N.H. e COX, M.V. (orgs.). *Visual order – The nature of development of pictorial representation.* Londres: Cambridge University Press.

_____ (1995). "Nadia reconsidered". In: GOLOMB, C. (org.). *The development of artistically gifted children. Selected case studies*. Hillsdale, New Jersey: Lawrence Erlbaum Associates.

SELLIN, D. (1979). *Mental retardation. Nature, needs and advocacy*. Londres: Allyn and Bacon.

SHIKIBA, R. (1957). *Works of Kiyoshi Yamashita*. Tóquio: Nihon Burai Burat, Bungei Shunju Shinsha.

SIIPOLA, E.M. e HAYDEN, S.D. (1965). "Exploring eidetic imagery among the retarded". *Perceptual motor skills* 21, pp. 275-286.

SILBERBERG, N. e SILBERBERG, M. (1967). "Hyperlexia – Specific word recognition skills in young children". *Exceptional Children* 34, pp. 41-42.

_____ (1968). "Case histories in hyperlexia". *Journal of School Psychology* 7(1), pp. 3-7.

SILVA, S.M.C. (1993). "Condições sociais da constituição do desenho infantil". Dissertação de mestrado. Campinas: Unicamp.

SILVEIRA, N. da (1992). *O mundo das imagens*. São Paulo: Ática.

SLOBODA, J.A. (1990). "Musical excellence – How does it develop?". In: HOWE, M.J. (org.). *Encouraging the development of exceptional skills and talents*. Leicester, Reino Unido: The British Psychological Society.

SLOBODA, J. A; HERMELIN, B. e O'CONNOR, N. (1985). "An exceptional musical memory". *Music perception* 3(2), pp. 155-170.

SMITH, J. e HOWE, M.J.A. (1985). "An investigation of calendar-calculating skills in an 'idiot savant'". *International Journal of Rehabilitation Research* 8(1), pp. 77-79.

SPEARMAN, C.E. (1927). *Abilities of man: Their natures and measurement*. Nova York: Macmillan.

SPITZ, H. e LA FONTAINE, L. (1973). "The digit span of idiots savants". *American Journal of Mental Deficiency* 77, pp. 757-759.

STEINKOPFF, W. (1973). "Ungewöhnliche rechenleistungen eines imbezillen (Katamnestisch-autoptischer bericht). *Psychiat. Neurol. Med. Psychol.* 25(2), pp. 117-123.

STERN, M.E. e MAIRE, M. (1937). "Un cas d'aptitude spéciale de dessin chez un imbécile". *Archives de Médecine des Enfants* 40, pp. 458-460.

STEVENS, D. e MOFFITT, T. (1988). "Neuropsychological profile of an Asperger's syndrome case with exceptional calculating ability". *The Clinical Neuropsychologist* 2(3), pp. 228-238.

STERNBERG, R. (1991). "A three-facet model of creativity". In: STERNBERG, R. *The nature of creativity*. Cambridge: Cambridge University Press.

STERNBERG, R. e DAVIDSON, J. (1990). "Conceptions of giftedness: A map of the terrain". *In*: STERNBERG, R. E DAVIDSON, J. *Conceptions of giftedness*. Cambridge: Cambridge University Press.

STOTIJN-EGGE, S. (1952). *Investigation of the drawing ability of low grade oligophrenics*. Leiden: Luctor et Emergo.

THOMAS, G. e SILK, A. (1990). *An introduction to the psychology of children's drawings*. Londres: Harvester Wheatsheaf.

TIMMERMAN, M. (1986). "The original art of mentally-handicapped people". *Journal of Art & Design Education* 5(1 e 2), pp. 111-123.

TORRANCE, E.P. (1963). *Education and the creative potential*. Minneapolis: University of Minnesota Press.

TOWNSEND, E.A. (1951). "A study of copying ability in children". *Genetic Psychological Monograph* 43, pp. 3-51.

TREDGOLD, A.F. (1914). *A Text-book of mental deficiency*. London: Baillière, Tindall and Cox.

_____ (1937). *A text-book of mental deficiency*. 6ª ed. Londres: Baillière, Tindall and Cox.

TREFFERT, D.A. (1970). "Epidemiology of infantile autism". *Archives of Genetic Psychiatry* 22, pp. 431-438.

_____ (1988). "The idiot savant: A review of the syndrome". *American Journal of Psychiatry* 145(5), pp. 563-572.

_____ (1989). "An unlikely virtuoso-Leslie Lemke and the story of savant syndrome". *The Sciences* 29(1), pp. 28-35.

_____ (1990). *Extraordinary people*. Londres: Black Swan Books.

UHLIN, D. (1979). *Art for exceptional children*. Dubuque, Iowa: Am. C. Brown Co.

VAN SOMMERS, P. (1984). *Drawing and cognition*. Nova York: Cambridge University Press.

VISCOTT, D. (1970). "A musical idiot savant. A psychodynamic study and some speculations on the creative process". *Psychiatry* 33, pp. 494-515.

VOLLMER, H. (1930). *Allgemeines lexikon der Bildenden Künstler*. Leipzig: s.n.

VYGOTSKY, L.S. (1987). *A formação social da mente*. Trad. José Neto, Luis Barreto e Solange Afeche. São Paulo: Martins Fontes.

_____ (1988). *Pensamento e linguagem*. São Paulo, Martins Fontes.

WATERHOUSE, L. (1988a). "Extraordinary visual memory and pattern perception in an autistic boy". *In*: OBLER, L. e FEIN, D. (orgs.). *The exceptional brain – Neuropsychology of talent and special abilities*. Nova York: The Guilford Press.

_____ (1988b). "Speculations on the neuroanatomical substrate of special talents". In: OBLER, L. e FEIN, D. (orgs.). *The exceptional brain – Neuropsychology of talent and special abilities*. Nova York: The Guilford Press.

WEHMEYER, M.L. (1992). "Developmental and psychological aspects of the savant syndrome". *International Journal of Disability, Development and Education* 39(2), pp. 153-163.

WERTSCH, J. (1991). *Voices of the mind. A sociocultural approach to mediated action*. Londres: Harvester Wheatsheaf.

WHITE, P. (1988). "The structured representation of information in long-term memory: A possible explanation for the accomplishments of 'idiots savants'". *New Ideas in Psychology* 6(1), pp. 3-14.

WHITE, R. (1992). "A portrait of the artist as a young locomotive. A study of an autistic child artist's exceptional drawing ability, compared with that of a small group of other able autistic children". Dissertação de mestrado. Universidade de Nottingham, mimeo.

WILLIAMS, R. (1946). *The human frontier*. Nova York: Harcourt, Brace and Co.

WILTSHIRE, S. (1987). *Drawings*. Londres: J.M. Dent & Sons Ltd.

_____ (1989). *Cities*. Londres: J.M. Dent & Sons Ltd.

_____ (1991). *Floating cities*. Londres: Penguin Books.

_____ (1993). *American dream*. Londres: Michael Joseph.

WING, L. (1981). "Language, social and cognitive impairments in autism and severe mental retardation". *Journal of Autism and Developmental Disorders* 11, pp. 31-44.

WITZMANN, A. (1909). "Remarkable powers of memory manifested in an idiot". *Lancet* (5/6), pp. 1.641.

WOLFE, J. (1988). "Where is eidetic imagery? Speculations on its psychological and neurophysiological locus". In: OBLER, L. e FEIN, D. (orgs.). *The exceptional brain – Neuropsychology of talent and special abilities*. Nova York: The Guilford Press.

YAMADA, J. (1990). *Laura – A case for the modularity of language*. Cambridge, Massachusetts: MIT Press.

YEWCHUK, C. (1988). "Idiots savants: Retarded and gifted". ERIC Document EC220 780.

_____ (1990). "Idiots savants: Can retarded inbdividuals be gifted?". *Gifted Education International* 7, pp. 16-19.

ANEXO I – QUADRO FONÊMICO DE FREDERICO

palhaço	/ p a ʎ a u /	armário	/ a R m a l i u /
martelo	/ m a ɛ u /	trem	/ ẽ i /
chave	/ ʃ a i /	balde	/ b a L ( ) i /
fogueira	/ o e a /	coelho	/ k u e y u /
vassoura	/ a o a /	jarra	/ ʒ a x a /
prato	/ r a u /	lápis	/ l a p i /
livro	/ l i u /	casa	/ g a g a /
peixe	/ p e /	soldado	/ o L g a /
cobra	/ ɔ a /	maçã	/ m a s̪ a /
bicicleta*		flor	/ l o y /
pintinho	/ p ĩ ĩ ɳ u /	galinha	/ g a l u /
banana	/ b a n ã n a /	blusa*	
leite*		milho	/ m i ʎ u /

* Obs.: Não emitiu o vocábulo.

ÁLBUM ARTICULATÓRIO

```
p - i / f      4 / 4
t - i / m      0 / 4
k - i          1 / 3    substituiu por / g /
b - i / m      2 / 4
d - i / m / f  0 / 3    substituiu por / g /
g - i / m      0 / 2
f - i          0 / 2
s - i / m / f  1 / 3    distorcido
v - i / f      0 / 3
z - f          0 / 1    substituiu por / g /
ʒ - i          1 / 1
m - i / m      4 / 4
n - m / f      2 / 2
y - f          1 / 1
```

Legenda
Posição na palavra: i - inicial; m - medial; f - final.
Fração: o numerador corresponde ao número de realizações
         o denominador corresponde à freqüência nas palavras.

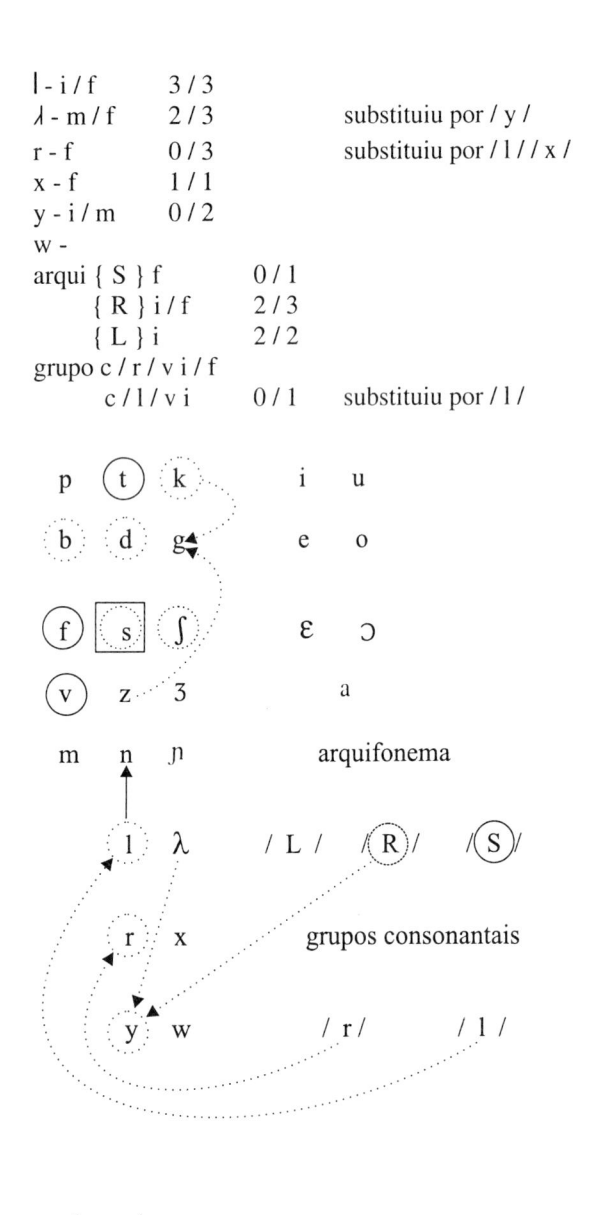

l - i / f   3 / 3
ʎ - m / f   2 / 3   substituiu por / y /
r - f   0 / 3   substituiu por / l / / x /
x - f   1 / 1
y - i / m   0 / 2
w -
arqui { S } f   0 / 1
     { R } i / f   2 / 3
     { L } i   2 / 2
grupo c / r / v i / f
     c / l / v i   0 / 1   substituiu por / l /

p   (t)   k   i   u
b   d   g   e   o

(f) [s] ʃ   ɛ   ɔ
(v)   z   ʒ   a

m   n   ɲ   arquifonema

     l   ʎ   / L /   (R)/   /(S)/

     r   x   grupos consonantais

     y   w   / r /   / l /

Legenda
.... assistemático
———— sistemático
○ omissão
□ distorção
——→ substituição

ANEXO II - AMOSTRAS DE ESCRITA DE FREDERICO

MONUMENTO	LUGAR
PAGODE	TOQUIO - JAPÃO
TORRE - EIFFEL	PARIS - FRANÇA
ESTÁTUA D LIBERDA	NOVA YORK - E.U.A.
CRISTO RENDENTOR	RIO - BRASIL
KRELIM	MOSCOU - RUSSIA
TORRE DE PISA	ROMA - ITÁLIA
BIG - BENS	LONDRE - INGLATERRA
PIRAMIDE & FARAÓ	CAIRO - EGITO
MONUMENTO DO PIXOTE	MADRID - ESPANHA
CAPITÓLIO	WASHINGTONS - E.U.A.
CID DA BAIANA	SALVADOR - BAHIA-BRASIL
PLANETA DO ESPAÇONAVE	EPCOT CENTER - FLORIDA
CHIMARRÃO a GAÚCHA	PORTO ALEGRE R.G. D SUL
PIRAMIDE ASTECA & CHAPÉU SOMBRERO	CID do MÉXICO - MÉXICO
CASTELO DA CINDERELA	DISNEYLÂNDIA - FLORIDA
PALÁCIO DO CONGRESSO	BRASÍLIA D.F. - BRASIL
MONTANHA DO CINEMA	L. ANGELES CALIFORNIA - EUA
DANÇA DO FREVO	RECIFE PE - BRASIL
CAIXA DA AGUA	STUDIO MGM - FLORIDA - EUA
ÁRVORE DE CORITIBANO	CURITIBA - PR - BRASIL
5 ANIMAL AFRICANO	ÁFRICA

CASA BRANÇA	WASHINGTON D.C. E.U.A.
ALDEIA DA SELVA	AFRICA
ESTRELA MARROQUINO	RABAT - MARROCO
WINDSURF a CEAENSE	FOTALEZA CE - BRASIL
VER O PESO	BELÉM PA - BRASIL
CIDADE DO PRÉDIO	SPAULO - BRASIL

TOTAL!

Listagem com referências de monumento/país para "O sonho".

DOCE DE ABÓBORA.
BOLO DE FUBÁ.
MARIA MOLE.
DOCE DE AMENDOIM.
MAÇÃ DE AMOR.
MILHO VERDE.
BOLO DE CHOCOLATE.
PÉ DE MOLEQUE.
ALGODÃO DOCE.
AMENDOIM.
ARROZ DOCE.
DOCE DE COCO.
PIPOCA.
CACHORRO QUENTE.
DOCE DE LEITE.
QUENTÃO.
REFRIGERANTE.
CERVEJA.

Listagem de comes e bebes do desenho "Festa junina".

PERSONAGENS DO CIRCO
BALA-HUMANAS.
TRAPEZISTA.
MÁGICO.
CICLISTA.
GLOBO DA MORTE.
ACROBATIA.
EQUILIBRISTA.
PALHAÇO.
BAILARINA.
CAVALO ADESTRADO.
DOMADOR & LEÃO
URSO ADESTRADO.
CHIPANZÉ
CÃES ADESTRADO.
ELEFANTE ADESTRADO.
MALABARISTA.
FOCA A DESTRADO.
ILUSIONISTA.
MULHER DE BAMBOLÊS.
PATINADORE DO GELO.
DONO DO CIRCO.

Personagens do circo.

TIPOS DE CACHORRO
PASTOR ALEMÃO.
SHEP DOG.
DALMATA.
BOXER.
POODLE.
BULDOG
SCOTIE.
DORMEMAN.
SÃO BERNARDO.

Tipos de cachorros.